金《かね》より価値ある時間の使い方

アーノルド・ベネット
河合祥一郎＝訳

角川文庫
23957

How to Live on 24 Hours a Day

by Arnold Bennett 1908, 1910

目次

はじめに　賢いワーク・ライフ・バランスは一杯のお茶から

この序文は、慣例に従って巻頭に置かれているものの、本書を読み終えてから読んでいただくべきものである。

この小さな本に関して多くの方々からお便りをいただき、書評も多数書かれた――本書と同じぐらい長い書評もあった――が、批判的なものはほとんどなかった。文体がふざけていると言う人もいたが、私としてはまじめに書いたつもりなので、この批判は受け容《い》れられない。もっとましな批判が出なかったら、「この本は完璧《かんぺき》だ！」と思うところだった。しかし、ごもっともと思うご批判も受けた。印刷されたものではなく、明らかに誠実な方々からのお便りだ。ここで、それにお応《こた》えしておきたい。本書31ページの書き方をご覧になれば、私がこの手の反論が来るだろうと危惧《きぐ》していたことはおわかりになろう。異見が出た問題の箇所は次の一節である。

「多くの場合、この人物は仕事にさほど燃えているわけではなく、まあ嫌いではないという程度。仕事に取りかかるのはしぶしぶで、なかなか始めず、早く退社時間

ないし

が来ないかと思い、来るとほっとする。勤務中も決してがむしゃらに働いたりはしない」

　まちがいなく誠実な人たちからいただいたお手紙を読んで、楽しく仕事に励んでいらっしゃる人がこの世には大勢いるのだと確信した。誰も彼もが怠け者で、会社にできるだけ遅く来て早く帰りたがっているわけではない。会社の上司や将来有望な人ばかりでなく、さして昇進が見込めない下っ端の平社員でも、全力で仕事をしているからこそ一日の終わりには疲れ果てるということも納得した。

　実際、それが事実なのだろう。そのとおりだと信じよう。そりゃそうだ。そんなことはずっと前からわかっていたのだ。私だって、ロンドンでも地方でも下っ端として働いてきたが、仲間のうち何割かは仕事に対して素直に情熱を燃やしていることに気づいていた。仕事をしているときこそ最高に生き生きとしている人たちがいるのだ。しかし、こうした幸運で幸せな人たち（たぶん自分で思っている以上に幸せな人たち）は昔も今も多数派ではないし、むしろ例外的なのではないか。その考えは、今も変わらない。普通の良心的ビジネスマンの大多数（上昇志向の理想を持った人たち）は、へとへとに疲れ果てて帰宅したりしないものだ。仕事にすべてを捧《ささ》げたりせず、良心が傷まない程度に自分に余力を残している。そこまで仕事に夢中になったりせず、別のことに頭を切り替えたがっている。

そうは言っても、こうした少数派にも注意を払う必要があるし、本書でここまで無視すべきではなかったことは認めよう。勤勉な少数派の問題の全貌《ぜんぼう》は、私にお便りをくださったある人の次の一文で表現されているだろう。

「私だって、何かやってみたいと思う気持ちは人に負けませんが、言わせていただければ、午後六時半に帰宅すると、あなたがご想像なさるような元気は残っていないのです」

ここで申し上げたい点がある。一所懸命仕事に励んでいる少数派の皆さんは、会社でぼんやりと過ごしている多数派よりもましだという点だ。少数派の皆さんは「どのようにして生きるべきか」などという忠告を必要となさらない。ともかく日中、八時間なら八時間の勤務時間中、充実した人生を送っており、最大限の力を発揮していらっしゃるのだから。残りの八時間〔八時間睡眠と仮定してそれ以外の八時間〕はうまく使えておらず、あれよあれよというちに過ぎているかもしれないが、一日起きている時間のすべてをむだにしている人たちに比べればずっとましだ。まったく充実した時を過ごさないよりも、少しでも充実した時を過ごしているほうがいいに決まっている。

真の悲劇は、会社の内でも外でも努力をしない人たちの悲劇であり、本書は基本的にそういう人のために書かれた。「しかし」と、少しは幸せな少数派の人たちは言うだろう。「人よりましかもしれないが、私だってもっと充実した人生を送りたいのだ！　仕事にはやりがいを感じるが、じゅうぶんではない。でも、仕事をやったうえで、他のことをやる余裕は本当にないのだ」と。

実際のところ、私は著者として、人生をよりよく生きたいと願う、こうした人たちに強く訴えるべきだったと思う。充実した人生を少しでも味わったことのある人ほど、さらに多くを求めるものだ。目を覚まさせるのに苦労するのは、ベッドから出たことのない人たちなのだ。

それでは、少数派のあなたに言おう。あなたの日々の仕事の大変さを考慮して、本書が提案するすべてを実行するのは無理だとしても、できるところもあるのではないだろうか。帰宅時の通勤時間を利用できずとも、朝の通勤時間を利用することはできるのではないか。しかも、週末の四十時間〔土曜の仕事終わりから月曜の仕事始めまでの時間〕は、やはりあなたにもあるはずだ。たまった疲労ゆえに全力を注ぐわけにいかないとしても、休みの時間を有効活用できるはずだ。残るは〔第5章で提案される〕週に三回以上、晩に何かを行うという重要な時間帯がある。疲れ切っていて晩に何かするなんてとてもできないとおっしゃるなら、はっきりお答えしよう。毎日の仕事がそんなに疲れるものなら、あなたのワーク・ライフ・バランスがおかしいのであり、調整が必要であると。日々の労働に活力をすべて奪われてしまうようなことがあってはならないのだ。では、どうすればいいのか？

当然やるべきは、毎日の仕事で活力のすべてを使い切らないように工夫をすることだ。仕事で疲れ切ったあとで何かやろうとするからいけないのであり、疲れ切る前にやればいい。要するに、朝早起きをするのだ。早起きなんかできないと、あなたは言うだろう。夜早めに寝たりしたら、家族全体の生活も狂ってしまう、と。夜、早めに就寝するのは、そんなにむりではないはずだ。早起きをつづけて睡眠不足になれば、どうしたって早めに就寝するようになるものだ。

それに、早起きをしたからといって睡眠不足にはならないのではないだろうか。最近頓《とみ》に思うのだが、睡眠とは習慣の問題であり、怠慢と直結している気がする。寝たいだけ寝る人というのは、ほかにやることがないからそうしているのだ。カーター・パタソン運送会社〔のちに国有化された主要な運送会社〕のトラックを日々ガタゴトと運転する元気で屈強な男に、毎日どれぐらいの睡眠が必要だろうか？　私はこの問いを医者に尋ねたことがある。まさにあなたや私が住んでいそうなロンドン郊外のにぎやかな大きな町で大きな病院を二十四年経営してきた医者だ。ぶっきらぼうな男で、答えもそっけなかった。

「たいていの人は、眠りすぎて馬鹿になっているのさ」

さらに、十人のうち九人は、ベッドからさっさと出たほうが、より健康になり、人生をもっと楽しめるはずだとの意見を述べてくれた。

他の医者たちもこの判断を支持したが、もちろんこれは育ち盛りの若い人には当てはまらない。

ということで、一時間早く起きてごらんなさい。できれば一時間半、いや二時間でもいい。そして——その必要を感じたら——早く寝ればいい。自分のために何かをしようというとき、朝の一時間は、夜の二時間に匹敵する。

「でも、腹ごしらえをしないと始められないから、召し使いを起こすことになってしまう」と、おっしゃるだろうか〔イギリスの下位中産階級《ロウワーミドルクラス》は自分たちが労働者階級でないことを示すために少なくとも一人の召し使いを雇わなければならなかった。「中産階級とは一人以上の召し使いを雇う家庭を指す」Benjamin Seebohm Rowntree, *Poverty: A Study of Town Life* (London: Routledge, 1997), p.14〕。

よろしいですか。今では立派なアルコール・ランプと鍋《なべ》が安く手に入る時代なのです。自分にとって最も大切な福利を、家人の協力が当てにならないからとあきらめてはいけません。寝る前にこう頼んでおくのです。

「ビスケット二枚、ティーカップ、マッチ箱、アルコール・ランプを載せた盆を夜のうちに持ってきておいてくれ」と。ランプの上には鍋を仕掛け、鍋の蓋《ふた》をひっくり返して、その上に小さなティーポットを載せ、ポットの中にはお茶の葉を入れておくように頼みます。そうしたら、あなたはマッチを擦るだけ――それでおしまい。三分もすれば、お鍋でお湯が沸きます。そのお湯を（すでに温まっている、茶葉入りの）ポットに注げば、さらに三分でお茶が入ります。あなたはそれを飲みながら、一日を始めるのです。こんな詳細は愚かな人にはどうでもいいと感じられるでしょうが、思慮深い人には大切なはずです。

賢いワーク・ライフ・バランスがきちんと取れた生活は、思いもよらぬ時間に一杯のお茶を飲むことができるかにかかっているかもしれないのです。

アーノルド・ベネット

第1章　毎朝あなたの財布には二十四時間がつまってる！

「そう、あの人、全然やり方がわかっちゃいないんだよ。ちゃんとした仕事についているし、定収入もあって、生活必需品だけでなく贅沢品《ぜいたくひん》だって買える。金遣《づか》いが荒いわけでもない。なのに、いつだって金に困ってる。金は出て行くばかりで、どういうわけか何も残らない。立派なアパートに住んでるくせに、家具はほとんどない！　差し押さえられて持っていかれたのかと驚くほどだ。新調の背広で決めているかと思えば――古い帽子なんかかぶっている！　すてきなネクタイをしているのに――ぶかぶかズボンなんかはいている！　夕食に招待してもらっても、カットグラスのしゃれた器に載せて、まずい羊肉を出す。さもなきゃ、上等なトルコ・コーヒーを欠けたコップに入れて出す！　なんでわかんないかねぇ。要するに金の使い方を知らないんだ。こっちに、あの人の収入の半分でもあったらと思うよ。そしたら教えてやるのに――」

という具合に、誰しも偉そうに、他人のやり方に文句を言った経験はあるだろう。

誰だって財務大臣にでもなったかのように、つい大きな顔をして教えてやりたくなるものだ。新聞には「いくらいくらの額で生活するにはどうするか」などという記事があふれているが、そうした記事が呼び起こす反響の大きささから、人々の関心の高さがわかる。最近、日刊紙上で、年収八十五ポンド〔一九〇七年当時、約二百四十万円相当〕で女性一人がこの国で暮らしていけるかという問いをめぐって激論が繰り広げられた。しかし、「週八シリング〔約一万円相当〕で暮らす方法」という記事は読んだことがあっても、「一日二十四時間を使いこなす方法」という記事は読んだことがない。

「時は金なり」と昔から言うが、言い方が控え目すぎる。時は金などよりずっと大事なのだ。

時間があれば金は稼げる――たいていは。けれども、たとえあなたがカールトン・ホテルの荷物預かり係ほど大金を持っていようと〔巻末「解説」を参照のこと〕、一分でも時間を買って私が持つより多くの時間を持つことはできない。あなたの時間は、暖炉のそばでくつろいでいる猫が持つ時間と同じ長さでしかないのだ。

哲学者たちは空間を解明してくれたが、時間を解明していない。時間はあらゆるものの根本となるのに、説明不能なのだ。時間さえあれば、何でも可能になり、なければ不可能になる。時間があるというのは、実に毎日起こる奇跡なのだ。考えてみれば、これほど純粋に驚くべきことはない。

朝起きる。すると、見よ！　あなたの財布には、不思議なことに、あなたのこれからの人生世界を編み出す未使用の二十四時間がつまっている！　これほど大切な財産はない。実に独特なものであり、それがあなたに与えられる与えられ方も独特だ。

だって、いいですか！　それをあなたから誰も奪えない。盗めない。そして、他の人が持つ時間は、あなたが持つ時間より多くも少なくもないのだ。

まさに民主主義の理想！　時間の国では富の特権階級も知性の特権階級もない。天才だからって一日二十五時間になったりはしない。罰則もない。大切な時間を好きなだけ浪費しても、時間の供給が止められることもない。

「こいつは悪人じゃないにしても馬鹿だ。むだ遣いしやがって、時間がもったいない。適当なところで時間を止めてしまえ」などという謎の権力者もいない。コンソル公債〔永久に利子が支払われる英国の永久公債〕よりも確実で、日曜だからと支払いが延期されることもない。しかも、前借りもできない。借金もできない！　使えるのは、今刻々と過ぎていく時間だけ。明日の分を今浪費するわけにはいかない。「明日」は取っておかれてあるのだ。これからの一時間を今浪費することもできない。それも手つかずのまま取っておかれてあるのだ。

これは、まさに奇跡ではないか？

あなたは、この毎日の二十四時間を使いこなさなければならない。そこから、健康、余興、金、満足、尊敬を紡ぎ出し、自分の魂を高めなければならない。時間の正しい使い方、最も効果的な使い方を知ることこそ急務なのだ。こんなに刺激的な現実問題はない。すべてが時間の使い方次第なのだから。

誰もが望む幸福を手に入れられるかは、時間の使い方次第なのだ！

常に時代の先端を行く新聞が「これこれの収入でいかに暮らすか」という記事は掲載するくせに、「これこれの時間でいかに暮らすか」という記事を載せないのは不可解千万である！

お金なんて時間と比べたら、いくらでも手に入るものだ。考えてみれば、お金なんて、あるところにはある。山となって腐るほどある。

暮らしていけないほど収入が少なければ、もっと稼げばいい——あるいはくすねるか、無心すればいい。年収一千ポンドではやっていけないからといって人生がだめになったりはしない。ひとふんばりして、なんとか金をひねり出して、やりくりするものだ。ところが、一日二十四時間の収入で人生の支出をまかないきれなければ、人生を完全に棒に振ることになる。時間の供給はすばらしく規則的だが、残酷なほど厳しい。

一日二十四時間をきちんと使いこなしている人はいるだろうか。

「使いこなす」と言うのは、単に「使う」のでも「何とかやりくりする」のでもない。

日常生活の時間管理がうまくできていないかもしれないという不安のない人がどれほどいるだろうか。

背広は上等なのに恥ずかしい帽子をかぶっていたり、食器のことばかり考えて料理の質を忘れていたりする自分に気づいて、自分の生き方のどこかに修正が必要だと感じない人がいるだろうか。そんなとき、「時間ができたときに改めよう」と自分に言っていないだろうか。そんなことを言った覚えはないという人がいるだろうか。

しかし、時間が今以上できることはないのだ。

今ある時間がすべてだ。これまでもそうだった。今まで見過ごされてきたこの深《しん》淵《えん》な真実（私もこれまで気づいていなかった）に気づいたからこそ、私は本書で二十四時間の実用的な使い方を詳細に検討してみようという気になったのである。

第2章　知的好奇心を持てば本当の人生が送れる

要点だけを言いたがるイギリス人の癖で、こんなことを言う人がいるかもしれない。

「だけど、一日二十四時間で何をがんばれって言うんだ？　私は一日二十四時間で何の問題もなく暮らしている。やりたいことはすべてやれているし、そのうえ新聞の懸賞問題を解く時間だってある。だって、単純な話じゃないか。一日に二十四時間しかないんだから、一日二十四時間で満足するしかないんだ！」

そうおっしゃる方がいたら、お詫《わ》び申し上げなければならない。あなたのような方にお会いしたいと、私はこの四十年間ずっと思ってきたのです。どうぞお名前とご住所をお知らせください。そして、どうやってそんな生き方ができるのか教えてください。お礼もお支払いします。私があなたに話すより、あなたに話していただいたほうがいい。どうぞ名乗り出てください。あなたのような方が存在していることはとを私は確信しているし、これまでそういう方に会えなかったのは残念でならない。だが、そういう方が名乗り出るまでは、悩めるわが同胞諸君との会話をつづけさせてもらおう。年月はいつの間にか、どんどん流れていき、年を重ねても自分の人生が一向に思ったようになっていないという悩みにつきまとわれ、多少なりとも苦しんでいる大勢の人たちと。

その悩みを分析すれば、それは基本的に、不安、期待、憧《あこが》れ、欲望のようなものとわかる。そのせいでいつも嫌な気分になってしまうのだ。なにしろ、どんな楽しみも白けさせてしまう「宴の骸骨《スケルトン・アト・ザ・フィースト》」〔「座を白けさせるもの」を意味する慣用句〕のようなものだからだ。劇場へ行って笑う——けれども幕間《まくあい》に、この骸骨《がいこつ》がひょろりとした指を突きつけてくる。終電に間に合うように駅までダッシュし、プラットフォームでほてった体をゆっくり冷ましながら終電を待っていると、この骸骨がその骨をこれ見よがしに揺らしながらやってきて言うのだ。「おや、おまえさん、若い頃、何をしていたんだい？　その年で、今何をしているんだ？」

こんなふうに常に将来を見据え、ああもしたい、こうもしたいと思う気持ちは人生につきまとうものであり、人生なんてそんなものだと感じる人もいるかもしれない。

そのとおりだ！

しかし、人によって差がある。ある人は聖地メッカへ行きたいと思うかもしれない。良心が「聖地へ行くべし」と告げ、それに応じて出かける人もいる。旅行会社に相談するにせよ、しないにせよ、とにかく出かける。聖地に着けずにエジプトの都市ポートサイドに着く前に溺《おぼ》れ死ぬか、紅海《こうかい》の沿岸で野垂れ死んで、その願望が永遠に挫折《ざせつ》するかもしれない。願望が果たされないのは残念だが、それでもこの人の苦しみは、メッカへ行きたいと憧れてその願望に心を乱しながらも、結局自分の住んでいる町ブリクストン〔ロンドン南東の郊外〕から一歩も出なかった人ほどつらいものではない。

自分の町から出ることに意味があるのだ。

たいていの人はその一歩を踏み出さない。ラドゲイト・サーカス〔当時、旅行会社トマス・クックの本社があったロンドンの中心街〕までタクシーで行き、旅行会社にガイド付きツアーの値段を聞くことすらしない。そして、そうしない理由として、「一日に二十四時間しかないから」と自分に言い訳しているのだ。

この漠とした落ち着かぬ願望をさらに分析すれば、それが、自分たちが忠誠心や道義心からやらなくてはならぬこと以外に、何かしなければならないと思い込んでいる固定観念から発していることがわかるだろう。人は皆、あれこれ定められた規則や不文律に従いながら、自分や（家族がいれば）家族が健康で快適に暮らせるように努め、支払いをし、貯金をし、効率化を図ってよりよい生活ができるように努めている。

それだけでも大変だ！　誰にでもできることではない！　とても無理ということだってある！　だが、うまくできたとしても、満足はできない。まだ例の骸骨がつきまとってくるのだ。

しかも、自分にはむりだ、自分にはできないとあきらめながらも、「限界を超えている自分の力を振り絞って、もうひとがんばりできさえすれば、こんなに不満を感じずにすむのでは？」と思ってしまうのだ。

それがまさに事の真相である。通常やれていること以外の何かが自分にはできるのではないかと思うのは、ある程度頭のよい人たちに共通することだ。

その願望を充足すべく何をすればいいのか。まだ始まっていない何かが始まるのを待つ落ち着かない感覚が、心の平安を乱しつづける。その願望は、さまざまな名前で呼ばれてきた。それは普遍的な知識欲の一形態だ。あまりにも強い願望なので、系統立って知識を習得してきた人々は、さらなる知識を求めて自分の本来の仕事を超えようとしてしまう。人類最大の知能の持ち主――と私は思っている――ハーバート・スペンサー〔「適者生存（自然淘汰《しぜんとうた》）」という語を造った社会進化論哲学者〕でさえ、この願望のために、研究の本流を外れて、つい心地よい淀《よど》みに嵌《は》まることがあった〔巻末「解説」を参照のこと〕。

本当の意味での人生を送りたいという願望を自覚している多くの人々は――つまり、知的好奇心を持っている人々は――たいてい文学作品を読もうとし、読書の道に乗り出す。英国人はますます文学好きになっている。しかし、文学に知識のすべてがあるわけではない。「自分を向上させたい、もっと知りたい」という心乱れる渇望は、文学以外の方法でも満たされることは指摘しておきたい。どんな方法があるかは、後述する。ここでは、生まれつき文学好きではない人たちに対して、文学だけが渇きを癒《いや》す泉ではないことを指摘するにとどめておこう。

第3章 「時間がもっとあるとき」など決してこない

ここまでで納得していただけただろうか、あなたは自分の日常生活の送り方に対する不満を鬱積《うっせき》させ、その不満の主たる原因は毎日何かしらやりたかったことをやれていないという思いにあったこと、すなわち「時間がもっとあるときに」やりたいなどと考えていたことを。そして、「時間がもっとある」などということは決してないという紛れもない眩《まばゆ》い真実も私は指摘した。

あなたはもうすでに、一日二十四時間というすべての時間を手にしているのだ。さらに時間が増えることはない。そこまで納得すれば、きっと一日の完全かつ理想的な過ごし方ができる何かすごい秘訣《ひけつ》を本書が教えてくれるものと期待なさっているのではないだろうか。その秘訣によって、「やれていない」というあの不愉快でしつこい落胆もきれいさっぱり消えてなくなるものと思っているのでは？

そんなすごい秘訣などありはしない。

これから見つかることも、誰かが見つけることもないだろう。そんなものはないのだ。本書を読み始めたとき、あなたの胸に希望の灯がともったかもしれない。「本書を読めば、ずっとやりたかったけれどできなかったことが、かんたんに、楽にできるようになるのかもしれない」と。とんでもない。楽な方法などないし、王道などありはしない。聖地への道は極めて険しく、歩きづらい。しかも、最悪の場合、たどり着けずに終わることもある。

一日二十四時間という日々の割り当てのなかで、充実した快適な人生を送ろうとするなら、それは実に困難であることを冷静に受けとめるところから始めなければならない。犠牲も払わなければならないし、不断の努力が必要になる。この点は、いくら強調してもしすぎることはない。

紙に見事なスケジュール表を書けば目的が達成できるのではないかと考える人もいるかもしれないが、そんな考えはすぐ捨てたほうがいい。思ったとおりにはいかないものだ。失敗もする。「労多くして功少なし」という結果に耐えられない人は、最初からあきらめたほうがいい。またごろりと横になって、あなたが「人生」と呼んでいる落ち着かないまどろみをつづけるがいい。

つらいし、気が滅入《めい》るし、うんざりだと思うだろう。でも、何にせよ、やる価値のあることを始める前に、気を引き締めて気合を入れるのは、とてもすてきなことだ。私はかなり気に入っている。暖炉のそばで寝そべる猫と私の主たるちがいは、そこにあるのではないだろうか。

「それでは、本書の重々しい言葉をよく理解し、はちまきを締めて、やる気満々になったとして、どのようにして始めればよいのですか?」と、あなたは問うだろう。

お答えしましょう――ただ始めるのです。

始めるのに、魔法のやり方などありはしない。飛び込み台の端に立って、冷たい水に飛び込もうとしている人が、「飛び込むには何から始めたらいいですか」と尋ねたら、あなたはただこう答えるはずだ。「ただ飛び込むのです。自分に活を入れて、飛び込みなさい」

すでに述べたように、一定の割合で時間が供給される点の一番よいところは、時間の前借りができないところだ。来年、明日、次の一時間は、これからのものとして完全に手つかずで取っておかれている。まるで、これまで一瞬たりともむだにしたこともなければ、まちがえた使い方をしたこともないかのように、まっさらな時間が用意されている。そう考えると安心できるし、元気が出る。その気になれば、いつでもやり直しができるのだ。それゆえ、来週になったらやろうなどと考えてはいけない。明日に延ばすのも厳禁だ。来週になったら、水が温かくなって、飛び込むつらさが緩むかもしれないなどと期待してはいけない。そうではない。気おくれすればするほど、水は冷たく感じられる。

しかし、始める前に、あなたにだけこっそり、二、三の注意を与えておこう。

まず、あまり熱くなってはいけない。やってやろうという熱意は、時に道を踏み外させ、失敗を引き起こす。意気込んで実行したくなるものだが、まず思うようには、いかない。うまくいけば、さらにやりたくなる。挙句の果ては、山をも動かし、川の流れも変えたくなる。大汗をかくまでは満足できなくなる。そして往々にして、額に大汗を感じたとたん、突然疲れを感じ、「もういいや」と口にすることすら面倒に感じて、熱意は消えてしまうのだ。

最初からやりすぎないこと。少しで満足すること。想定外のことが起こるものだと心構えをしておくこと。人は機械ではないのだ。特にあなた自身の性格を考慮に入れること。

失敗しても気にしないこと。あなたの自尊心や自信が傷つかなければ、大したことはない。うまくいくときはつづけてうまくいくものだが、失敗もつづくものだ。失敗者は、たいていあれもこれもと手を出し過ぎた人である。

それゆえ、一日二十四時間という限られた条件内で充実した快適な人生を送るという大事業を開始するに当たって、早々に失敗しないようにするのが肝心だ。

ともかく、この件に関しては、「壮大なる失敗のほうがささやかな成功よりもよい」などということはない。ささやかな成功のほうがいいに決まっている。壮大な失敗では何も生まれない。ささやかな成功なら、ささやかでない成功へつづくかもしれないのだから。

では、一日の時間をどう使うべきか考えることにしよう。もうすでに、やらなければならないことでいっぱいだと言う人もいるだろう。本当だろうか？　生活費を稼ぐのに、どれぐらいの時間を使っている？　平均して七時間？　睡眠時間には、七時間？　大目に見て、もう二時間足しておこう。残りの八時間をどう使っているだろうか。即答できる人がいるなら、答えてみてほしい。

第4章　一日のプロローグとエピローグという考えを捨てる

実際に時間をどのように使うべきかという問題に直ちに取り組むために、ある個人のケースを考えることにしてみたい。それは、ある人の場合というだけの話であって、平均的なケースではない。平均的人間がいないように、平均的ケースなどありはしないのだから。みなそれぞれがちがっているのは当たり前だ。

それでも、ロンドンのオフィスで十時から六時まで働き、朝夕五十分かけて通勤する人を例にすれば、かなり平均に近いだろう。もっと働かないと食べていけない人もいるかもしれないが、それほど働かなくてもいい人もいるだろうから。

幸いにして、給料の額はこの際、関係ない。本書の目的に照らせば、週給一ポンドの事務員は、高級住宅街カールトン・ハウス・テラス〔セント・ジェームズ・パークの南にある白い化粧漆喰《しっくい》が特徴的な邸宅〕に住む百万長者と同じだけの量の時間の収入があるからだ。

さて、この典型的人物が一日の使い方に関して犯している大きなまちがいは、基本姿勢の誤りにある。そのせいで、自らの活力と興味の三分の二を損ない、弱めてしまっているのである。多くの場合、この人物は仕事にさほど燃えているわけではなく、まあ嫌いではないという程度。仕事に取りかかるのはしぶしぶで、なかなか始めず、早く退社時間が来ないかと思い、来るとほっとする。勤務中も決してがむしゃらに働いたりはしない（私たちの勤務態度を中傷するのかと怒る読者もいるだろうが、私はロンドンのオフィス街の事情はよく知っており、意見を枉《ま》げるつもりはない）。

ところが、にもかかわらず、この人は朝十時から夕方六時までを「一日」と看做《みな》し、その前の十時間とその後の六時間を、一日のプロローグとエピローグにすぎないと考えているのだ。こうした考え方は、無意識ではあるにせよ、当然この十六時間への関心を抹殺し、その結果、その時間をむだに過ごしていないとしても、その時間はないものと看做し、単なる余白と考えてしまっている。

こうした基本姿勢はまったくおかしいし、不健全だ。「片付けたい」と願う仕事に従事している限られた時間だけを最も大切とすることになるからだ。まったく熱意もなく過ごしている一日の三分の一に対して、残りの三分の二はその準備時間のように考えるなら、どうして充実した満足のいく人生など送れようか。送れるわけがない。

充実した満足のいく人生を送りたいのなら、心のなかで、一日のなかの一日をイメージする必要がある。この内なる一日は、入れ子の箱のように、二十四時間のなかにある、午後六時から朝十時までの十六時間の一日だ。この十六時間のあいだ、やるべきことは、ただひたすら自らの心身を鍛え、友人との付き合いを楽しむことだけだ。この十六時間は自由時間というわけだ。金を稼ぐ時間ではなく、金の心配もしなくてよい。何もせずとも暮らしていける人と同じ身分だ。これを基本姿勢にしなければならない。この基本姿勢が何よりも重要だ。人生の成功は、この一点にかかっている（財産をがっぽり貯め込んで、あなたの遺産管理人がどれほどの相続税を支払うかよりも、ずっと大事なことだ）。

何だって？　その十六時間に全力を注いだりしたら、八時間の労働の能率が下がるって？　そんなことはない。それどころか、八時間の労働の能率を確実に向上させる。まず覚えておいてもらいたいのは、精神力は連続して働かせても大丈夫ということだ。腕や脚のように疲れたりしない。頭が欲しているのは変革なのだ――睡眠以外に、休ませる必要はない。

次に、典型的人物が、完全に自分の自由になる十六時間を、朝起きてからどう使っているか考えてみよう。何をし、何をすべきではないかをまず述べていく。開拓者が森林を切り拓《ひら》いて土地を作るように、切り拓いた時間に何を「植える」かは後述する。

朝九時十分に家を出るときは、一秒もむだにしていないと言ってあげねばなるまい。九時に起きて、九時七分から九時九分三十秒のあいだに朝食をかきこみ、家を飛び出す。ところが、玄関のドアを閉めたとたん、疲れを知らないはずの精神力がおろそかになる。頭が何も働いていない状態で駅に歩き、駅に着くと列車を待つ。毎朝何百という駅で、人々が黙々と行き来するあいだ、鉄道会社はお金以上に大切な時間を厚かましくも人々から奪っているのだ。何十万もの時間がこうして毎日失われている。それというのも、人々が時間に無頓着《むとんちゃく》なため、時間をむだにしないためのごくかんたんな対策すらとっていないからである。

人は毎日《使ってよい時間》という金貨を手にしている。仮にソブリン金貨〔一ポンド相当の旧金貨〕としよう。これをくずしてもらうとき、大損しているのに気にしていないのだ。

たとえば鉄道会社が切符を売るとき、「ソブリン金貨をくずしてさしあげますが、手数料として一・五ペンスいただきます」〔金貨一枚の値段を仮に三万二千円として計算すると二百円〕と言われたら、人は何と叫ぶだろう。だが、一日二回五分ずつ奪われるというのは、それと似たようなことなのだ。

こまかなことにこだわるとお考えかもしれない。そのとおり。その理由は、あとでおわかりになるだろう。

では次に、新聞を買って、列車に乗っていただこう。

第5章　一晩おきの一時間半がきらめく真珠になる

新聞を片手に朝の通勤列車に乗り込んだあなたは、静かに悠然と新聞を読みふける。急ぐことはない。これから少なくとも三十分はじっとしていればいいのだ。ゆったりと新聞の最終面の船舶発着情報やら歌の広告やらに目を走らせるさまは余裕綽々《しゃくしゃく》で、まるで時間が無限にあるかのようだ。一日が二十四時間ではなく百二十四時間もある、どこかの惑星からやってきた人さながら。

私だって新聞は熱心に読む。国内紙を五紙と、フランスの日刊紙二紙を欠かさず読んでおり、週刊誌に至っては何誌読んでいるか、売店の売り子に聞かないとわからないくらいだ。こんなことを言うのも、朝の列車で新聞を読むのはやめるべきだと述べても、新聞に偏見を持っていると思われたくないからである。

新聞は迅速に読まれるために迅速に生み出されるのだから、さっと読めばよいのだ。私の日課に、新聞のための時間は設けていない。ちょっとした暇を盗んで読む。

しかし確実に読んでいる。独りきりになれる三、四十分ほどの、まとまった貴重な時間を新聞に費やしてしまうなんて、あまりにももったいない（静かに煙草《たばこ》をくゆらせる紳士で満ちた列車客室《コンパートメント》ほど、自分に没頭できる場所はないのだから）〔一九三〇年代までヨーロッパの客車は客室に分かれていた。一等なら向かい合って三人ずつ計六人、三等なら計八人座れた。通路がない客車の場合はさらに二人増。「オープン」式のレイアウトは一九二〇年代以降に始まった〕。時間というきらめく真珠のような宝物をそんなふうに投げ捨ててしまうのは、東洋の君主そこのけの贅沢《ぜいたく》だ。あなたはペルシャ皇帝ではない。あなたには、私と同じだけの時間しかないのだと、もう一度丁寧に申し上げておこう。列車で新聞を読まないこと！　これで四十分ほどの「貯金」ができる。

さて、会社に着いた。会社にいるあいだは、六時になるまで、あなたを放っておこう。お昼休みは一時間だ（実際は一時間半ほど休んだりしている）が、食事そのものは三十分もかからないはずだ。でも、それもあなたの好きにしてもらおう。その時間で新聞を読んでもかまわない。

出社時のあなたをチェックしよう。顔色が悪く、疲れている。家でも、奥さんから「顔色が悪い」と言われ、あなたは「疲れているんだ」と応《こた》える。帰宅途中、疲労感を募らせていたわけだ。この「自分はまじめにがんばっているんだ」という思いゆえの疲労感は、憂鬱《ゆううつ》な雲となってロンドンの郊外じゅうに重く垂れこめる。冬はなおさらである。

帰宅してすぐ夕飯にはせず、一時間ほどして、ようやく少し食べようという気になる。夕食を食べ、まじめくさって煙草をふかし、友達と会い、行き当たりばったりに何かし、トランプをし、本をぱらぱらと読み、もう若くないんだなあと感じ、散歩をする。ピアノを少し弾く人もいるかもしれない。

「何と、もう十一時十五分じゃないか」

そう気づくと、もう寝なきゃと思いつつ、それから四十分はぐずぐずしている。上等のウィスキーをちびちびやりながら、もう少し起きている。そしてとうとう、一日の仕事に疲れ切って、ベッドに入る。会社を出てから六時間かそれ以上が経っている。まるで夢のように、魔法のように、いつの間にか消えてしまったのだ！

これは実によくあるケースだ。でも、あなたは言うだろう。

「言うは易《やす》しだ。こっちは疲れているんだ。友達にも会わなきゃならないし、いつも張りつめているわけにはいかない」

そのとおり。しかし、劇場へ行くときは（可愛い女性と一緒なら、なおさら）どうなる？　大急ぎで帰宅し、労をいとわず着飾って、また列車に乗ってロンドンに戻り、五時間といわずとも四時間ほど張りつめた時を過ごし、彼女を家へ送り、帰宅する。「もう寝なくちゃ」と考えて四十分以上ぐずぐずしたりしない。ただ寝るだけだ。友達のことも疲労のことも忘れて、「すばらしく長い夜だった」(あるいは、あっという間だった)と思ってすぐ寝るのだ。

あなたは、素人の合唱サークルで歌ってくれと口説かれて、三か月間、一日おきに夜二時間ずつ練習したときのことを覚えているだろうか。そんなふうに楽しみにしている何かがあるとき――全力を傾ける目標があるとき――そのことを思うだけで、一日が輝いて、活気に満ちてくるのではないだろうか。

つまり、こういうことだ。退社時の六時に、あなたは疲れ切ってはいないという事実を認めるのだ(だって、やろうと思ったらやれるのだから)。

そして、毎晩行おうとしている計画が、途中に食事が入って中断されないように調整する。そうすれば、少なくとも三時間は時間が取れる。

何も毎晩三時間張りつめて暮らせというのではない。まずは、一晩おきに、一時間半程度、精神を高める活動をつづけてみてはどうだろうか。

一週間に三晩。残りの三晩は、これまでどおり友達と会ったり、トランプのブリッジをしたり、テニスをしたりすればいい。家事、読書、パイプ、園芸など好きなことをし、あるいは何もせずにぶらぶら過ごし、懸賞に応募したりしてもいい。しかも、そのほかに、土曜の午後二時から月曜の朝十時まで、すばらしい宝物のような週末の四十四時間だってある。

一晩おきの一時間半ずつなら、つづけられるだろう。つづけられるようになったら、週に三晩ではなく、四晩、五晩と、真に生き生きした時を過ごそうという気になるにちがいない。夜十一時十五分になると「そろそろ寝なくちゃなあ」などとつぶやくような習慣はすっかりなくなるはずだ。寝室のドアを開ける四十分前から頭が寝ている人は、ぼうっと生きている――つまり、本当の意味で生きてはいないのだ。

しかし、覚えておいてほしい。週三回のこの夜の九十分は、一万八十分――一週間の時間――のなかで最も重要な時間にしなければならない。絶対確保しなければならない時間だ。芝居の稽古《けいこ》やテニスの試合のように、動かせない。「悪いが、今日は付き合えないよ。テニス・クラブへ急がないといけないもんでね」と言う代わりに、「勉強しなくちゃいけないもんでね」と言わなければならなくなる。かなり言いづらいのは認めよう。たいていの人には、テニスのほうが、精神修養よりずっと差し迫った問題なのだから。

第6章　一週間を六日とし週七時間半で奇跡を起こす

先ほど、土曜日午後二時に仕事を終えてから月曜朝十時に仕事に戻るまでの四十四時間という広大なひろがりがあると述べたが、ここで一週間は六日なのか七日なのかという問題に触れておきたい。

私は長年——四十歳近くになるまで——一週間は七日だと思ってやってきた。けれど、賢い先輩方から、七日ではなく六日と考えたほうが能率が上がるし、より嘘のない生活ができると何度も教えられて、考えを変えたのだ。

今の私は、週に一日を予備日としている。そのときの気分次第で何かやってもいいが、基本的に何の努力も必要としない日だ。そうしてみると、週一日の休みは、精神衛生上、大切だとつくづく思う。しかしながら、もう一度人生をやり直せるなら、やはり若いうちは一週間を七日と考えるだろう。長いあいだ週七日を精一杯がんばってきた人にしか、定期的に羽をのばすありがたさはわからないからだ。しかも私はもう若くない。これは年齢の問題でもある。若さと活力にあふれ、やる気満々の人たちには、ためらいなくこう言おう――「毎日がんばれ」と。

しかし、一般論としては、「人生向上計画は週六日に限定せよ」と言うべきだろう。七日に延ばしたければ延ばしてもよいが、自分のやる気に即してそうすべきだ。やはり週六日に戻そうというときになって、一日損をしたとか失敗したとか思わないように、この一日は定収入ではなく、もともとなかったものと思っておいたほうがよい。

さて現状を確認しよう。これまで、週に六日、朝、少なくとも三十分のむだを取り除いた。さらに週三日の晩から一時間半ずつ時間を捻出《ねんしゅつ》する。合わせて週に七時間半となる。

とりあえず、この七時間半でやってみてほしい。

「何だって？」と叫ぶ人もいるだろう。「人生をいかに生きるべきか教えようと言っておいて、一週間百六十八時間のうちのたった七時間半か？　その七時間半で奇跡でも起こそうっていうのか？」

そう。単刀直入に言えば、そうなのだ。奇跡を起こそうと言うのだ。

言い換えれば、あなたにやってもらいたいことは、とても自然でわかりやすいことであるにもかかわらず、奇跡のようなものなのだ。結論から言えば、この七時間半によって一週間全体が活気づき、平々凡々たる仕事でも楽しんでできるようになる。

朝夕ほんの十分間、体操をしただけで、毎日元気に過ごせて、体力も維持でき、体つきが変わってきても、それほど驚くことはないだろう。それなら、一日平均一時間以上を精神のために費やせば、精神の働きがすっかり活気づいて、しかも永続するということに、どうして驚くのか。

自己啓発には、さらなる時間をかけたほうがいいことは言うまでもない。多くの時間をかければかけるほど、結果も大きなものとなる。しかし、まずは、一見ささやかな努力と思えるところから始めたい。

実はささやかな努力ではないのだ。

やってみてもらえれば、わかるだろう。七時間半を捻出するのは、ジャングルのなかにスペースを確保するように、それなりにむずかしい。何らかの犠牲を伴うからだ。時間の使い方が下手な人は多いが、みんなこれまで何かして、その時間を使ってきたわけだ。「何やっているの？」と思われるようなことであっても、とにかく何かしてきた。それとはちがうことをしようというのだから、習慣を変えなければばならない。

そして、習慣は容易に変えられるものではない！

しかも何らかの変化は、それが改善であろうと、必ずしわ寄せがあって、不愉快な思いをすることになる。週に七時間半まじめな努力をしつづけ、なおかつこれまでどおりの暮らしをつづけられると思ったら大まちがいだ。

繰り返すが、犠牲を伴い、強固な意志を必要とするのだ。これが大変なことだとわかっているから、「最初は欲張らずに始めなさい」と真剣に忠告している。失敗したら目も当てられない。自尊心は守らなければならない。何をやるにしても自尊心がベースにあり、念入りに計画した企てが失敗すると自尊心は大いに傷つくことになる。だからこそ何度も繰り返すのだ。黙って、さりげなく始めよと。

自己啓発に七時間半をきちんきちんと費やして三か月つづいたら、そのときは自分にはすばらしいことができるのだと、声を大にして歌うもよし、独り言を言うもよいだろう。

七時間半をどう使うのか、その方法の話をする前に、最後に一つ言っておきたいことがある。すなわち、夜一時間半の勉強をするには、それ以上の時間の余裕を見ておくこと。途中でどんな邪魔が入るかわからない。決めたとおりにできないのが、人間の性《さが》だ。だから、たとえば、夜九時から十一時半までを、九十分の勉強のために空けておくとよい。

第７章　史上最高の賢人たちの提案――「思考の集中」

「思いついてしまったんだから仕方がない」（自分の心は自分にはどうすることもできない）という言い方があるが、自分の心は自分でコントロールできるものだ。思考機械の制御は完全に可能なのだ。私たちにとって起こっていることは、すべて私たちの脳が認識したことであり、すべては頭のなかの出来事だと言える。つらいと感じるのも、うれしいと思うのも、頭でそう認識するからだ。それゆえ、この摩《ま》訶《か》不《ふ》思《し》議《ぎ》な脳内で起こっていることをコントロールするのがものすごく重要だということは明白だろう。

「精神一到何事か成らざらん」とはかなり昔から言い古されてきたことだが、この言葉の真の意味や大切さをたいていの人は気づかずに人生を終えてしまう。自分には集中力がないとこぼす人もいるが、その気になれば、集中力なんて身に着くものだ。

集中力がなければ——言い換えれば、脳に何を考えるかを命じ、命じたとおりにさせる力がなければ——本当の意味で人生を生きることなど不可能だ。心をコントロールすることこそ、十全たる人生への第一歩となる。

それゆえ、一日の最初にやるべき仕事は、頭の調子を確かめることではないだろうか。体のほうは内も外もいつも気をつけているではないか。髪の毛を梳《と》かすときにもごっそり抜けないように気を遣《つか》い、自分のお腹を満足させるために牛乳配達人から肉屋さんまで大勢の人にお世話になっているではないか。心というずっと繊細な機能にも、少しは注意を払ってみたらどうだろう。何しろ、誰の助けも要らないのだ。家を出てから会社に着くまでの時間をとっておくように言ったのは、このためだった。

「何だって？　道を歩いているとき、プラットフォームで列車を待っているとき、列車に乗っているとき、雑踏にもまれているときに、心に磨きをかけろと言うのか？」

そう、そのとおり。こんなわかりやすいことはない。道具も要らなければ、本だって要らない。しかし、容易なことではない。

家を出たら、一つのことを考えなさい（まずは、何でもかまわない）。十メートルも行かないうちに、何か視界に入ったものに気をとられ、角を曲がれば別の物に思考を中断されるだろう。

思考の首根っこをつかまえて、元に引き戻しなさい。駅に着くまでに、四十回も引き戻すことになるだろう。あきらめないで。つづけて。がんばって。きっと、うまくいく。がんばりさえすれば、失敗なんかしない。自分には集中力がないと決めつけてはいけない。思い出してください。ある気がかりな手紙を受け取り、とても慎重に言葉を選んで返事を書かなければならなかったあの朝のことを。どう返事を書こうかと考えつづけ、会社に着くまでずっと集中したではないか。あのときはあいう状況に陥っていたから、あれほど集中して、自分の心を暴君のように支配できたのだ。ほかのことなんか気にしている場合ではなかった。やらなくちゃと思い込み、そして、やってのけたのだ。

そうした集中が常にできるようになると（それには秘訣《ひけつ》などない――集中するのみだ）、自分の思考をいつでも、どこでも自由にコントロールできるようになる（コントロールできるのは思考であって、あなたの魂ではない）。

この思考コントロールの練習は実に便利だ。朝、通勤列車にダンベルを持ち込んで筋トレをしたり、十巻の百科事典を持ち込んで勉強したりすれば、人目を引いてしまう。でも、通りを歩いたり、列車の座席に腰かけたり、地下鉄の吊革《つりかわ》につかまったりしているとき、あなたがとても重要な日課をこなしていると誰が気づくものか。どんな馬鹿な不作法者だって、あなたを笑ったりはしない。

集中しさえすれば、何を考えてもかまわない。頭の働きを訓練しておくのが重要なのだ。それでも、せっかくだから、何か有益なことを考えるとよいだろう。たとえば――一例にすぎないが――マルクス・アウレリウスやエピクテートスの短い章を反芻《はんすう》してみてはどうだろう〔巻末「解説」を参照のこと〕。

そんなむずかしそうな本なんか読まないと敬遠しないでほしい。私に言わせれば、マルクス・アウレリウスやエピクテートスほど実際的で、あなたや私のような素朴な（気取りや見栄《みえ》や理不尽なことを嫌う）人間の日常生活に当てはまるわかりやすい常識にあふれた本はほかにない。試しに夜、一章でも――とても短いのですぐ全章読めてしまう！――読んで、翌朝その内容に集中してみてください。やってみればわかる。

おっと、あなた、隠そうとしたってむだだ。あなたが考えていることは手に取るようにわかる。あなたはこうつぶやいていますね。

「こいつは第7章までは、うまいこと書いていて、こっちも少しは興味を持ったが、列車のなかで考えろだの、集中しろだの言われても、そんなことやるもんか。やろうという人もいるかもしれないが、私はごめんだね」

本書は、そういうあなたのための本なのだ。声を大にして言うが、あなたがターゲットなのだ。まさにあなたのためにあなたにとって本書を書いているのだ。

本書の提案を無視するなら、あなたにとって最も価値ある提案を無視することになる。これは私が思いついた提言ではない。これまで生きてきた人間のなかでも最も賢く実際的な現実主義者たちの提言なのだ。私はその受け売りをしているだけだ。

やってみてください。自分の思考を思いどおりに操るのだ。そうすれば、人生の嫌なことの半分は解消するはずだ――とりわけ、あれこれ思い悩むことがなくなる。ああどうしよう、ああ情けないと、つい自分を責めていたあの病気のような弱い心から解放されますよ。

第8章　幸福になるための内省時間は夕方の帰り道に

集中して考える練習は、ピアノの音階練習のような基本中の基本なので、少なくとも日に三十分は行う必要がある。人間の器官のなかでも最も御しがたい脳を操れるようになったら、当然その手綱をしっかりつかんでおこう。従順な脳があっても、その従順さを利用して最大の利益を得なければ、何の意味もない。ここで、長期的な勉強の基礎課程を示すことにする。

この課程が何のためかについては疑問の余地はあるまい。この点が問題にされたことはないし、あらゆる時代のあらゆる賢人が同意している。それは文学でもなければ、芸術でも、歴史でも、科学でもない。己を知るという探求だ。

人よ、汝《なんじ》自身を知れ。この言葉はあまりにも陳腐になっているので、記すだけで赤面してしまう。だが、記さなければならない。記す必要があるのだ（赤面したことを恥じて、前言を撤回する）。

人よ、汝自身を知れ〔つまり、自分の限界を知り、自分の性格を知り、自分の心を知り、自分がどんな人生を送りたいと思っているかを——単なる希望ではなく、自分にできる範囲で自分が誇りに思える人生をきちんと送れているのかを——知れということだ〕。声を大にして言おう。誰もが知っている文句だし、大切なことだとわかっていながら、実行に移しているのは最も賢い人たちだけだ。なぜかはわからない。ただ絶対的に確信できるのは、まじめに生きようとしている平均的現代人に何よりも欠けているのは、内省する習慣なのだ。

私たちは内省しない。言い換えれば、何が本当に重要なのかを深く考え、私たちの幸福の問題を考え、自分の進む方角を見定めていない。人生が私たちに何を与えてくれるのか、私たちの行動がどれほど理性によって定められているか（いないか）、私たちの行動が自分の行動原則ときちんと関連づいているのか、つまり、本当に満足のいく幸福な人生を送るために取るべき行動を取っているのか、考えていない。

それでも、あなたは幸福を求めている。幸福は見つかっただろうか。

恐らく、まだだろう。ひょっとしたら、幸福など自分の手の届かぬところにあると、もうあきらめたのかもしれない。でも、幸福を手に入れた人たちもいる。手に入れた人たちは、肉体的ないし精神的快楽を追い求めても幸福は手に入らないと気づいたからこそ、手に入れたのだ。彼らにはわかったのだ、幸福になるためには、自分の人生はどうあるべきかを頭で考え、自分の行動原則に行動を合わせる、つまり、人生に於《お》いてこうすべきだと信じることを自分が行えていなければならないと。

これを否定するほど厚かましい人はいないだろう。これを認めながらも、自分の人生について内省せず、自分は何をすべきかを考えず、自分が今していることについて熟考する時間を割こうとしないなら、あなたはあるものを求めながらそれを手に入れるために必要な行為を怠っていることを認めなければならない。

さあ、赤面するのは私だろうか、あなただろうか？

あなたに何らかの行動原則を押し付けるつもりはない。あなたの行動原則が何であろうと（あなたが人生で何をしたいのであろうと）一向にかまわない（この場合）。泥棒をしてもいいと信じる行動原則であろうと、私は気にしない。

言いたいのは、自分の行動原則に合わない行動をするような人生は、馬鹿げた人生だということだけである。そして、行動を行動原則に合わせるには、日々確認し、内省し、決意を新たにするほかない。泥棒人生がみじめなのは、行動原則に反して泥棒をしているからだ。泥棒が道徳的に優れていると本気で信じられるなら、長年の刑務所暮らしも幸せなものとなろう。殉教者がみな幸福なのも、その行動と行動原則が一致しているからにほかならない。

人は頭で考えて行動しているつもりだし、行動原則を定める際にも理性を働かせているはずだが、実際の暮らしで理性は意外に働いていないものだ。人間は理性的な動物だと思われているが、実はかなり本能的に行動しているのだ。自分の人生について内省をしない人ほど、理性的な行動を取らない。

今度、ステーキが焼き過ぎだとウェイターに腹を立てることがあったら、あなたの頭のなかの執務室に理性を呼び入れ、相談しなさい。理性はきっとこう教えてくれるだろう。

「ウェイターがステーキを焼いたのではないのだから、ステーキの焼き具合を調整するのはウェイターではない。仮にウェイターの責任だとしても、彼に腹を立てても何にもならない。ただあなたの品位が損なわれ、良識ある人たちから愚かに見え、ウェイターを不愉快にするだけで、ステーキは焼き過ぎのままだ」と。

理性と相談すれば（相談料を取られることもない）、今度ステーキが焼き過ぎのとき、あなたは落ち着いて、ウェイターに仲間として温かく接して、新しいステーキを持ってくるように丁寧に頼むことだろう。そのほうがずっと有益であることは明白だ。

自分の人生はどうあるべきかを内省し、そのための行動原則を決定したり修正したりする際、また行動を行う際、書物から得られるヒントは大きい（廉価版の本でかまわない）。前章でマルクス・アウレリウスとエピクテートスの名前を出したが、もっと有名な本もすぐ思いつく。パスカル、ラ・ブリュイエール、エマソンの名を挙げてもいいだろう〔巻末「解説」を参照のこと〕。私自身は、旅行するときは必ずマルクス・アウレリウスを携帯するようにしている。

そう、本は便利だ。しかし、どんなに本を読んだところで、自分が最近何をしたか、これから何をすべきなのかを毎日率直かつ正直に検討し、自分自身の顔をしっかり見据える代わりにはならない（自分を見るとまごついてしまうだろうが、それでもきちんと見据えねばならない）。

この重要な作業はいつ行えばよいか。夕方帰宅する通勤列車で独りきりになれる時間が、私にはふさわしいように思える。その日の稼ぎ分働いたあとでは、自然と内省的な気分になるだろう。もちろん、この基本にして実に重要な作業の代わりに、新聞を読みたいというのなら（新聞は夕食を待つあいだにも読めるが）、私は何も言わない。とにかく、一日のうちのどこかでやらなければならないのだ。

次は、夜の時間についてである。

第9章　教養を身につけることで充実する毎日

多くの人が夜の時間をいつもだらだらと過ごしてしまっているのは、本を読むぐらいしかすることがないと思っているからではないだろうか。そして、文学作品はあまり好きではないなどと感じている。これは大きな誤りだ。

もちろん、書物の助けなしに何かをきちんと勉強するのは不可能、少なくとも困難である。しかし、トランプのブリッジやヨット走法についてより深く知りたいとして、文学に興味がないからと言って、ブリッジやヨット走法に関する最良書が読めないことにはならない。それゆえ、文学と、文学的ではない実践書を区別する必要がある。文学については後述する。

ジョージ・メレディス〔十九世紀のイギリスの小説家。代表作に『エゴイスト』〕の作品を一度も読んだことのない人たち、スティーブン・フィリップス氏〔十九世紀に人気のあったイギリスの詩人〕が真の詩人かどうかという議論にまったく関心のない人たちに言おう。それはあなたの勝手だと。文学を愛さないのは罪ではない。低能のしるしではない。文学にやかましい人たちは、ワーズワースがテニソンに与えた影響《ごう》がわからないようなやつは即刻処罰すべしと言うだろうが、それはその人たちの傲慢《まん》にすぎない。こう言い返してやればいいのだ。では、あなたがたはチャイコフスキーの交響曲第六番「悲愴《ひそう》」がどんな影響を受けて書かれたか説明できるんですか、と。

文学以外にも広大な知識の世界があって、人を大いに豊かにしてくれる。たとえば(今触れた、今日イギリスで最も人気のある交響曲「悲愴」とのつながりで言えば)、八月にはプロムナード・コンサート〔もともと「公園や広場で行われる気楽な音楽会」の意味で、一八九五年以降「プロムス」の名で親しまれている〕がある。行ってみてください。シガーか煙草をくゆらせ(残念ながら、「ローエングリン」〔ワーグナーのオペラ〕の静かな小節が奏されているときにマッチを擦ることになるでしょう)、音楽を楽しんで。

しかし、あなたはこんな文句を言うのだろう。

「自分にはピアノもヴァイオリンも、バンジョーさえも弾けない。音楽のことはさっぱりわからない」と。

それがどうしたと言うのだ？　あなたやあなたの友人たちで会場を満たすために、指揮者は選《え》りすぐりのプログラムを用意しなければならないのだ。つまり、そういうきちんとしたコンサートへ出かけることで、あなたに本物の音楽の趣味があることが証明されている（古きコヴェント・ガーデン時代〔一八七三～八〇年頃〕から様変わりしたのが、程度の低いポピュリズムによって経営した一八七三～八〇年頃イタリアのガッティ家の人たちだ！）。

あなたがピアノで「乙女の祈り」を弾けないとしても、週に二回、二か月間聴きつづければ、オーケストラの構成にだって馴染《なじ》むものだ。今はまだ、オーケストラというのは、いろいろな楽器が集まって何だかよくわからないがいい感じで音を一斉に出しているという程度にしかわかっていないかもしれない。細かなところが聴き分けられないのは、耳がまだ慣れていないだけのことだ。

ベートーヴェンの交響曲第五番「運命」の冒頭の主旋律を奏でる楽器の名前は何かと尋ねられても、あなたは絶対に答えられない。それでも、あなたは「運命」をすばらしいと思っている。聴いてわくわくしたし、もう一度聴けばまた感動するだろう。いかにすごいか、気が大きくなってあのご婦人（ほら、あの女性）に話したこともあったではないか。それでいて、あなたが自信をもって言えるのは、「運命」

はベートーヴェンの作曲したもので、「すごくいい」ということだけなのだ。

さて、そんなあなたがクレービール著『音楽鑑賞法』〔一八九六〕を読んでからプロムナード・コンサートへ行けば、あなたの興味は驚くほど強まるだろう。この本は、アルハンブラ劇場〔十九世紀に人気を博したロンドンのウェストエンドのミュージック・ホール。一九三六年に取り壊された〕のストール席のチケット代よりも安い値段で、どこの書店でも購入できる。オーケストラの全楽器の写真とその配置図も掲載されている。

何だかよくわからない楽器の集まりではなく、その真の姿が見えてくる。すなわち、さまざまな楽器の集団があって、それぞれ欠くべからざる異なる機能を果たしつつ、すばらしくバランスの取れた組織体となっていることがわかってくる。あなたは楽器を識別し、それぞれの音も聴き分けられるようになる。フレンチ・ホルンとイングリッシュ・ホルン〔オーボエに似た木管楽器〕のちがいもわかるようになる。ヴァイオリンのほうがオーボエよりも演奏がむずかしいのに、オーボエ奏者のほうが給料が高い理由も理解するだろう。かつては、きらきら光るものを見つめる赤子のように、ただ恍惚《こうこつ》として聞き惚《ほ》れていただけだったのに、今となってはプロムナード・コンサートをとことん満喫し、充実した時間を生きることができるようになったのである。

真に体系的な音楽知識の基礎ができたのだ。特定の音楽ジャンル（たとえば交響曲）を掘り下げてもいいし、特定の作曲家の作品を聴くようにしてもよいだろう。週に三晩、ますます増大する知識をもって選んだコンサートを聴いたり曲目を研究したりすれば、一年後にはかなりの音楽通になるだろう。たとえピアノで「乙女の祈り」を下手に演奏することすらできなくてもかまわないのだ。

「でも、音楽なんて嫌いだ！」と、おっしゃるだろうか。それではあなたのお好みに合わせよう。

音楽について申し上げたことは、他の芸術にも当てはまる。サー・ロバート・クレモント・ウィット著『絵画の見方』〔一九〇二〕やラッセル・スタージス著『建築物の見分け方』〔一九〇三〕を、他の芸術の体系だった知識への手ほどきとなる入門書として挙げてもよい。研究材料は、ロンドンの至る所にある。

「どんな芸術もぜんぶ嫌いだ！」と、おっしゃるだろうか。それでも大丈夫。

そんなあなたに合わせた話を次章ですることにしよう。文学の話はそのあとだ。

第10章　原因と結果の法則を叩きこみ退屈な人生を変える

芸術は偉大だ。しかし、何よりも偉大というわけではない。

最も重要な認識は、原因と結果を常に把握することだ。換言すれば、万物が常に流転していることを認識すること。さらに言い換えれば、何がどうしてどうなったかを把握することである。原因がなければ何も起こらないという主たる真実を頭に叩《たた》き込めれば、寛容になれるばかりでなく、思いやりのある人間になれる。

時計を盗まれるのは困るが、時計を盗んだほうにだって、事情があったのだろうと考えれば、興味深くもあり、科学的に納得もできる。まあ喜んでというわけではないが、それはそれで仕方あるまいと達観して新しい時計を買うことになるだろう。つまり、原因と結果をきちんと押さえられれば、人生の思わぬ出来事にショックを受けたり苦しんだりせずにすむわけだ。いちいちストレスを感じてしまう人たちは、とんでもない異国の風習に満ちた外国にでも住んでいるかのように、他人が理解できないでいるのだ。しかし、大人になれば、いつまでも異国人であるかのように、他人を理解しないのは恥ずかしいことである。

どうしてそうなるのかがわかれば、人生のつらさは減り、人生がおもしろくなってくる。物事の移り変わりを名前でしか捉《とら》えていない人にとっては、海は八月に往復三シリングの三等列車で見に行く単調かつ雄大な光景でしかない。だが、常に原因と結果を考えられる人にとっては、海というのは、地質学的な一昨日に於《お》いて蒸気だったものが、昨日は沸騰し、明日には氷とならざるをえない要素として認識される。

ものが見えている人間には、液体とは固体になる前の状態ということも理解できる。そうなると、有為転変する人生のものすごい壮大さも味わえる。修養を重ねて得たこのような認識ほど、真に心から満足のいくものはない。これこそすべての科学の目的にほかならない。

原因と結果はどこにでも見出《みいだ》せる。ロンドン西部のシェパーズ・ブッシュ地区の家賃が上がったとしよう。シェパーズ・ブッシュ地区の家賃が上がるなんて困るし、ショックだと人は言う。しかし、誰だってある程度は原因と結果を科学的に考えられるものであり、ライオンズ・レストラン〔一八八四年にジョゼフ・ライオンズが設立したチェーン店。カフェをロンドンで一時期二百店舗出し、レストラン経営は現在もつづいている〕でランチをとる事務員なら誰だって科学的に二足す二を計算し、（以前は）「二ペンス地下鉄《タプニー・チューブ》」と呼ばれていた中央《セントラル》ロンドン鉄道《レールウェイ》〔現代の地下鉄セントラル線の前身。一九〇〇年開通時、一番西の終点がシェパーズ・ブッシュ駅だった〕のおかげでシェパーズ・ブッシュ地区に小さな家が乱立し、乱立したせいで家賃が上がったのだと腑《ふ》に落ちる。

「単純な話だ！」と、あなたは軽蔑《けいべつ》した口調で言うだろう。

何事によらず――この宇宙の複雑な動きすべてが――そのように単純なのだ。ただ二足す二の計算をしさえすればわかることだ。

この本をお読みのあなた、そう、あなたがたまたま不動産会社の社員だとしよう。そして芸術は嫌いで、自分の人生を意義あるものにしたいと考えているが、仕事は退屈でおもしろくないと思っているとしよう。

いや、退屈なものなど、ないのだ。

すばらしい、めくるめく人生のすばらしさは、不動産会社にだってやはりある。

いいですか！　オックスフォード通りでは交通渋滞が起こる。渋滞を避けようと人々は地下鉄通勤をするようになった。その結果、シェパーズ・ブッシュの家賃が上がったのだ〔地下鉄セントラル線でオックスフォード・サーカス駅とシェパーズ・ブッシュ駅は結ばれている。本書が書かれた翌年にもう一つ西のウッド・レイン駅までセントラル線は延長され、一九二〇年にはイーリング・ブロードウェイ駅に至るまで延長された〕！　これは実におもしろいことではないか！　たとえばこの調子で、一晩おきに一時間半、ロンドンの不動産問題を調べてみたらどうだろう。そうすれば、仕事がおもしろくなり、人生そのものが変わるのではないか？

むずかしい問題にぶつかることもあるだろう。ロンドンではまっすぐ延びる道はどんなに長くても一ヤード半程度なのに、パリでは何マイルもつづくのはなぜなのか。これだって原因と結果をきちんと考えればわかるはずだ。不動産会社社員の例は、私の説を説明しやすいから選んだわけではないことはわかっていただけることと思う。

銀行員の例を考えてみよう。ウォルター・バジョット著『ロンバード街』〔一八七三、岩波文庫（宇野弘蔵訳）改版二〇二三、日経BPクラシックス（久保恵美子訳）二〇一一〕という息もつかせぬ物語を読んだことがあるだろうか？　学術書の体裁を取っているが、一般書だ。まだだって？　ああ、一晩おきに九十分ずつあの本を読めば、仕事に夢中になり、人間性についても、より深く理解できることだろう。

あなたは街に閉じ込められているけれど、田舎に出かけて自然の生物を観察するのが好きな人だとしよう。自然は確かにいい。心が癒《いや》される。それならスリッパをはいたまま、玄関から外へ出て、近くの街灯に虫取り網を持って行き、飛びまわっているありきたりの、あるいは珍しい蛾を観察してはどうだろうか。そうして得られた知識を整理し、体系づければ、ついには何か発見できるかもしれない！

人生を謳歌《おうか》するのに、芸術や文学に没頭する必要はない。何気ない日常のなかに、人生を充実させる好奇心を満たす何かがあるのだ。それを満たせば、理解する心を持つことができる。

芸術も文学も嫌いだというあなたのケースにも対処しようと約束して、今それを果たした。今度は、幸いにしてとても大勢いる文学好きの人たちの話に移ろう。

第11章　読書好きのあなたに勧める「熟慮を要する読書」

小説は「熟慮を要する読書」に含まれない。

だから、週に三回の九十分をチャールズ・ディケンズの作品の徹底研究に捧《ささ》げて自己鍛錬をしようと考えていた人は、計画を変更した方がいい。

小説がまじめな本ではないというわけではない。偉大な世界文学の多くは小説形式で書かれている。ただ、くだらぬ小説を読んでも仕方ないし、よい小説は読者にあまり頭を働かせることを求めないのだ。メレディスの小説で難解なのは、書き方がまずいところだけだ。よい小説は、激流に翻弄《ほんろう》される小舟のように読者をあれよあれよと運んでいき、読み終えたときには息が切れているかもしれないが、疲れてはいない。最高の小説は、苦労せずに読めるのだ。

ところで、自己精神の鍛錬に於いて必要なのは、ある種の緊張を感じ、困難を乗り越えようとすることだ。あなたのなかに、やってのけようという思いと、やめておこうという思いの両方があるような仕事をしなければならない。

そんな思いは、小説を読んでも味わえない。『アンナ・カレーニナ』を、歯を食いしばって読む人はいない。だから、小説を読んだほうがいいとしても、大切な九十分を使うべきではないのだ。

想像力に富んだ詩は、小説よりも読みにくい。恐らく文学形式のなかでも最も読解に努力を要するだろう。

詩は最高の文学形式だ。最高の歓《よろこ》びと最高の智慧《ちえ》を授けてくれる。これにまさるものなしである。だが、残念ながら、たいていの人は詩を読まない。

ジョン・ミルトンの『失楽園』を読むか、真昼間にぼろをまとってトラファルガー広場〔ロンドンのナショナル・ギャラリー前の広場。噴水があり、四頭のライオンのブロンズ像に囲まれてネルソン提督の記念碑が立つ〕を這《は》いずりまわって物乞《ものご》いをするかの二択を迫られたら、優れた人であっても、人前で恥をさらしたほうがましだと答える人が多いのではないか。それでも私は、相手が味方であろうと敵であろうと、言いつづけよう——何よりもまず詩を読みなさい、と。

もし、あなたにとって詩が「理解不能」であるなら、ウィリアム・ハズリットの有名なエッセイ「詩一般について」〔本書巻末を参照のこと〕を読むことから始めなさい。英語で書かれたこの種の解説として最も優れており、これを読めば、詩が中世の拷問であるとか、手が付けられない狂乱した象であるとか、ひとりでに発砲して相手を倒してしまう銃であるというに等しい馬鹿げた誤解はなくなるだろう。実のところ、ハズリットのエッセイを読んだら、食事をとるより先に、すぐに何か詩を読んでみたくならないような人の精神状態は想像しがたい。このエッセイを読んでその気になったら、純粋な物語詩から始めることを勧めたい。

英国の女性作家の作品で、ジョージ・エリオットやブロンテ姉妹、いや、ジェーン・オースティンさえをも凌駕《りょうが》する極上の小説がある。題名は『オーロラ・リー』で、作者はエリザベス・B・ブラウニングだ。韻文で書かれていて、純粋に優れた詩がたっぷり含まれている。たとえ死んでもこの本を読み切ろうと決めなさい。これが優れた詩であることを忘れ、物語をたどり、社会的な考えを読み取るだけでいい。読み終わったら、それでもやはり詩が嫌いかを正直に自分に問うがいい。『オーロラ・リー』を読んでみたら、自分が詩を嫌いだと思っていたのはまちがいだったと気づいた人を私は何人も知っている。

もちろん、ハズリットのエッセイを読み、それに従って詩を読んでみたが、やっぱりどうも詩が苦手だという思いが消えないというなら、歴史や哲学で満足するしかない。残念だが、まだ救いの手はある。ギボンの『ローマ帝国衰亡史』は『失楽園』と同列に語るべきものではないが、なかなかおもしろい。ハーバート・スペンサーの『第一原理』は、詩を一笑に付し、この本こそが人間の頭脳が生み出した最も壮大な作品であると主張している。どちらの本も、試しに頭を使ってみようという初心者向けではないが、平均的な知性のある人間が一年ほど読みつづければ、こうした歴史や哲学の最高傑作だってやっつけられる。傑作の実にありがたいところは、驚くほど明快に書かれているという点だ。

まず何から始めたらよいか具体的に指示することはしない。残りの紙幅では、無理な話だ。だが、重要な二つの一般的注意をしておきたい。まず、自分が進みたい方向を決め、どれほどの努力をするのかを見定めること。時代を限定し、主題を限定したほうがいい。あるいは作家一人を選んでもいい。そして自分にこんなふうに言うのだ——「フランス革命について調べてみよう」、「鉄道の起源について知りたいな」、あるいは「ジョン・キーツの作品について調べてみよう」などなど。

そして一定期間、決めたことに集中して、それだけをやるのだ。何かの専門家になると、かなり楽しくなるものである。

二つ目の注意は、読むだけでなく、考えること。ひたすら読みつづける人もいるが、そこから何一つ得ていないなら、読書などせずパンでも食べつづけていたほうがましだ。まるで酒に溺《おぼ》れるように、読書にふけっているだけだ。文学のあちこちの風景を車で駆け抜けているだけで、動いていさえいればいいかのようだ。そういう人は、一年間に何冊読んだなどと言いたがる。

少なくとも四十五分は、読書内容を、疲れるほどに慎重に熟考しないと、一晩の九十分はほとんどむだになる。つまり、ゆっくり進めるしかないということだ。

スロー・ペースでかまわない。

ゴールのことは忘れて、まわりの景色だけに集中しなさい。

そのうち、まったく思いもよらないときに、気づけば丘の上のすてきな町にたどり着いていることだろう。

第12章　日常に奇跡を起こす最初の一週間

本書を終えるに当たり、しばしば説教的でぶっきらぼうになっていなかったかと恐れるが、（ただ意味もなく生きるのではなく）偉大なる目的をもって生きるべく自分の時間を最大限に活《い》かすために、真摯《しんし》に生きようとする人の陥りやすい危険についてかんたんに触れておかねばなるまい。

まず、最も鼻持ちならない嫌われ者――物知り顔の気取り屋――になるという恐ろしい危険がある。自分が人よりも優れた知識を持っているかのように振る舞う生意気な人間のことだ。もったいぶって歩きまわり、いつの間にかユーモアのセンスを失くしていることに気づかぬほど、しゃちほこばったやつのことだ。何か発見をすると、その発見に感銘を受けるあまり、世間も同じように感銘を受けていないことにひどく不満を抱くつまらないやつのことだ。人は無意識のうちに、こんな嫌なやつになってしまいがちであり、なったらおしまいだ。

そこで自分の時間を全活用しようという取り組みを始める際に、扱うのは自分の時間であって、他人の時間ではないということをよくよく肝に銘じておいたほうがいい。あなたが時間という予算の収支を考え始める以前から、地球は問題なく回転していたし、あなたが時間の財務大臣という新しい任務をうまく果たそうが果たすまいが、これからも地球はちゃんと回りつづける。自分がやっていることを人にぺらぺら話さないほうがいいし、世の中の人が毎日多くの時間をむだにしていて、本来の人生を生きていないからといって、心を痛めてみせても仕方がないのだ。結局のところ、人は自分で自分のことを考えるよりほか、できることはない。

もう一つの危険は、馬車馬のように、自分の計画に縛られてしまうことだ。計画に振りまわされてはならない。大切に扱わなければならないが、闇雲に従うものではない。毎日こうしようと決めたことは、宗教ではないのだ。

そんなことは当たり前じゃないかと思えるかもしれない。ところが、この当たり前がわからずに、親戚《しんせき》や友人にまで迷惑をかけてしまった人たちを私は知っている。犠牲となった妻がこう叫ぶのを聞いたことがある。

「もう、いや。アーサーったら、毎朝八時に犬を散歩に連れ出し、八時四十五分に読書を始めるの。だから絶対ありえないのよ、私たちが一緒に……」といった具合。

そのように訴える声の「どうしようもない」という響きからわかるのは、この男性が自分の人生を滑稽《こっけい》な悲劇にしてしまったということだ。

他方、計画は計画だ。きちんと計画どおりにやらないなら、つまらないジョークとなってしまう。しかるべき節度をもって計画を行い、それなりの柔軟な態度で融通をつけながら実行するというのは、実際やってみたことのない人にはわからない難業である。

ほかにも、あれこれやりすぎて、次にやるべきことが気になって仕方がなくなったりする危険もある。そうなると刑務所にいるようなもので、自分の生活が自分のものではなくなってしまう。八時に犬を散歩に連れ出しても、そのあいだじゅう、八時四十五分には読書を始めるのだから遅れないようにしなければと考えつづけてしまう。

ときどきわざと計画を曲げて他のことをしたところで、解決にはならない。問題なのは、計画実行に柔軟性がないことではなく、そもそも欲張った計画を立てて、いっぱいいっぱいになってしまっていることなのだ。計画を見直し、できることだけをやるように計画を立て直さなければならない。

それでも、知識欲というものは、知れば知るほど大きくなるものだ。息もつかずに努力しなければ気がすまなくなる人もいる。そうした人たちについては、いつも居眠りしているよりは、息つく暇がないほうがましだと言うことにしよう。

ともかく、計画が重荷に感じられながらも修正はしたくないとき、あることを終えて別のことに移るとき、わざとゆっくりやってみると、かなりよい一時しのぎになる。たとえば、散歩から帰ってきて飼い犬のセントバーナード犬をつないでから本を開くまでの五分間、まったく心を無にしてみる。今は時間を無為に過ごしているということをしっかり意識して五分間何もしないのだ。弛緩《しかん》が入ることで集中が高まる。

最後に言っておきたい最大の危険は、すでに述べたことだが、そもそも計画の最初で失敗してしまうことだ。

この点は、くれぐれも注意していただきたい。

計画そのものがのっけからうまくいかないと、どんなにやる気になっていたところで、その気がすっかり失《う》せてしまう。

それゆえ、最初の一歩でつまずかないように細心の注意をしていただきたい。あまりに気ばかり逸《はや》っていてもだめなのだ。最初の一週間は、馬鹿々々しいほどゆっくりとやってみたほうがいい。とにかく規則的に継続することが一番だ。

一度何かができるようになったら、めんどうくさいとか、今日はその気分じゃないなどといったことを乗り越えてとにかくつづけよう。めんどうな仕事を成し遂げたという自信は、大きな力になる。

最後に、夜の時間にまず何をしようかと選ぶとき、自分の好みに従って、気が向いたものを選ぶべきであって、余計なことを考えてはいけない。

哲学に関して生き字引のようになれたらすごいと思うかもしれないが、もしあなたが哲学好きではなく、行商人の呼び声の文化史に興味があるなら、哲学はやめておいたほうがいい。選ぶべきは行商人の呼び声のほうだ。

（了）

解説

河合祥一郎

時間は金で買えないという本書の主張に首をひねる人も多いだろう。たとえばアルバイトをお願いして、その謝礼を払えば、アルバイトをしてもらった時間を金で買っていることになるのではないか。それに高速道路や飛行機を利用すれば目的地により速く着くとき、その分の時間は金で買ったことになる。

最初の点は、著者アーノルド・ベネット（一八六七～一九三一）の出自を考えればある程度納得できる。すなわち、十九世紀の英国中部スタッフォードシャーの中産階級（父は事務弁護士《ソリシター》）に生まれて下積み生活を長くつづけたベネットは、本書を中産階級向けに書いている。自分は雇用される立場にあって、人を雇用する立場にないという意識が強かったのではないだろうか。とは言え、当時のイギリスの中産階級の家庭では、本書の序文からも窺《うかが》えるように召し使いを住み込みで雇うのが当然だったので、家事にかかる時間をお金で買っていたとも言えそうだが。

第二点の高速移動については、こう考えられる。高速道路の建設はアメリカでは二十世紀初頭から始まっていたが、イングランドではずっと遅く、ベネットは恐らく高速道路を走ったことがない。旅客機が広まったのも一九三〇年代なので、ベネットは飛行機で行けば時間短縮ができるという経験もしたことがなかった。

ベネットは、中等教育を終えたのち、十八歳から父の弁護士事務所で家賃徴収などの仕事に就き、二十一歳でロンドンに出て、事務弁護士事務所の書記をしながら著作をつづけ、二十七歳で雑誌『ウーマン』の副編集長となった。一八九〇年代から一九三〇年代にかけてベネットは、小説三十四作、短編七巻、戯曲十三本のほか、評論や演劇批評や映画シナリオも書くなどきわめて多産で、英米で超有名作家となった。代表作は小説『二人の女の物語』(一九〇八、岩波文庫所収、別題『老妻物語』)。

一九二三年三月『キャセル週刊誌』にヴァージニア・ウルフの『ジェイコブの部屋』の書評を載せ、「ウルフの創造した人物は本物ではなく、やがて忘れ去られてしまう小説だ」と書いたのがウルフの逆鱗《げきりん》に触れ、ウルフはエッセイ「ベネット氏とブラウン夫人」(一九二四、福原麟太郎監修・黒沢茂編集『ヴァージニア・ウルフ著作集7 評論』所収)でベネットの小説を酷評している。当時彼はそれだけ影響力のあった人物であったことの証左である。

一九一一年の滑稽小説『当世人気男』（原題 *The Card*）はアレック・ギネス主演映画（一九五二）となり、一九七四年に小説家マーガレット・ドラブルがベネットの評伝を出し、一九九二年に批評家ジョン・ケアリが『知識人と大衆――文人インテリゲンチャにおける高慢と偏見一八八〇～一九三九年』（東郷秀光訳、大月書店、二〇〇〇）のなかでベネットを大いに持ち上げて再評価を行っている。

本書の原題は『一日二十四時間で生きる方法』（*How to Live on 24 Hours a Day*）。一九〇七年にロンドンの『イヴニング・ニューズ』に連載され、翌年本の形で初版が出ると大評判となり、ヘンリー・フォードが五百冊購入して友人や従業員に配布したという。一九二六年に第十七刷が出るほどの人気となり、現代に至るまでその人気は揺るがない。

文体が軽いというか、序文にあるように「ふざけている」と感じられるところもあり、表現がわかりづらい部分がある。基本的に訳注で補ったが、ここでも少し補足しておこう。

第1章で「たとえあなたがカールトン・ホテルの荷物預かり係ほど大金を持っていようと」とあるが、なぜアラブの石油王とかヘンリー・フォードとかではなく「荷物預かり係」なのだろうと訝《いぶか》しく思った人もいるだろう。これは恐らく、一九

○四年十月二十日、カールトン・ホテルの荷物預かり係トマス・マカラーがホテルを訴えて勝訴して五十ポンド（約百四十万円相当）を獲得した判決への言及と思われる。荷物預かり係は週五シリングの給与のほか客からのチップで生計を立てていたが、カールトン・ホテルは客から得たチップをすべて集めて従業員に分割する制度を取っており、マカラーは十八か月間個人的に受け取ったチップ総額八十三ポンド十九シリングの返却を求めて訴えて（全額ではないが）勝訴したのである。全額得たとしたら約二百三十五万円相当であり、「チップだけでそれだけもらえるとはすごい」と当時話題になったのであろう。同年十月二十一日『ロンドン・スタンダード』紙、二十九日『スペクテイター』誌等が報じている。

第11章で「ひとりでに発砲して相手を倒してしまう銃」とある原文は a gun that will go off by itself and kill at forty paces（ひとりでに発砲して四十歩先の相手を殺す銃）である。当時西欧での拳銃《けんじゅう》での決闘では（西部劇とちがって）四十歩の距離を置くしきたりがあり、そこから破壊的な魅力のあるものを形容するときに kill at forty paces という表現を用いた。She could kill at forty paces with a single glance（彼女がチラリと流し目をくれれば、相手はイチコロ）とか I'll try a shot of your flintlock whiskey, Guaranteed to kill at forty paces（君の火打石銃のようなウィスキーを一発飲んでみよう。確実にやっつけるというやつを）（二〇〇八年のエリック・ソーヤー作オペラ『われらがアメリカのいとこ』歌詞より）という具合である。

第2章で、スペンサーが研究の本流を外れて嵌《は》まったという「心地よい淀《よど》み」とは、後にスペンサーが自ら否定する骨相学研究のことか。骨相学については角川文庫『ポー傑作選2』所収の「ポーの用語」を参照されたい。

閑話休題。

冒頭で「時間は金で買えない」という表現について揚げ足取りをしたが、もちろんベネットの本意は「どんなに金を積んでも一日二十四時間という持ち時間は増えない」ということだ。金を払うことで自分の時間が増えたように感じても、それは本来自分が仕事や移動で使うはずだった時間を他に利用できるからそう感じるだけであって、その時間を本当に有効利用できているかどうかは別問題であるわけだ。現代はいろいろな点で効率化が進み、人々は道具を上手に使いこなすことで、自分の自由な時間を生み出すことができる時代となった。かつて膨大な時間を必要とした作業も短時間ででき、その分、時間の余裕が生まれる。しかし、その時間をどのようにして費やすべきかという点に関して、本書の提言は古びることがない。

本書が下敷きにしているストア派哲学

本書の通奏低音としてストア派哲学がある。第7章で言及されるマルクス・アウレリウスとエピクテートスがその代表的哲学者だ。実はシェイクスピアに計り知れない影響を与えた哲学である。後述するパスカルやラ・ブリュイエールも言及している哲学であり、およそ教養人たらんとする者はその概要を知らないではすまされない。

ここに簡潔に記しておこう。

マルクス・アウレリウス・アントニヌス（一二一～一八〇）は第十六代ローマ皇帝であったが、五賢帝の一人に数えられるほど学識に長《た》け、その著書『自省録』（一六一～一八〇）で自らの哲学を語った。『自省録』は岩波文庫（神谷美恵子訳、一九五六、改版二〇〇七）や講談社学術文庫（鈴木照雄訳、二〇〇六）で出ている。

その思想は古代ギリシャの哲学者エピクテートス（五〇頃～一三五頃）の教えを受け継ぐものであり、エピクテートスの『語録』と『提要』がストア派哲学のテキストとして極めて重要となる。中公クラシックス『エピクテトス　語録　要録』（鹿野治助訳、二〇一七）として訳出されているが、岩波文庫では『人生談義』と題されている（鹿野治助訳、一九五八、新訳版・國方栄二訳、二〇二〇～二一）。

ストア派哲学（Stoicism）の内容は、現代も用いられる「ストイック」という語からも窺《うかが》える。英語ではstoicは「感情を抑え、苦痛や喜びを示さない」という意味で用いられることが多いが、日本語では「自分を厳しく律して、自ら定めた目標のために淡々と努力をつづける」という本来の意味に近い意味で用いられている。

この哲学を修得すれば、どんな困難にも打ち克《か》つことができ、ストレス・フリーな精神状態で、常に冷静に振る舞い、自分の力を最大限に発揮するようにコンディションを整えることができる。

その方法はこうだ。「外的な要因は自分ではどうすることもできないが、自分の心は自分でコントロールできると知れ」という大原則を徹底させるのだ。

今、雨が降っているとしよう。「今日だけは絶対雨が降ってほしくない」と願う何らかの理由があなたにあったとしても、「雨よ、やめ」と念じてみたところで雨はやまない。「何で、よりによって今日、雨なんだ！」と叫んでも意味はない。意味のないことはしない。「では、どうすべきか」という次善の策を直ちに考えるしかない。

絶対に遅れてはならない理由があって、ひどく急いで目的地に向かっているときに、人身事故か何かがあって電車が止まったとしよう。あなたがなすべきことは、電車が止まったことに対して悲鳴を上げることではない。タクシーに乗るのか、乗るならタクシー乗り場はどこか。直ちに次の行動に移ることだ。

これらのアクシデントはすべて、「心の外にあるもの」(アディアポラ)であるが、あなたがそれに対してパニックしたり、嫌だと思ったりしたとたん、それはあなたの心に入り込み、「心の内にあるもの」(ファンタズマ)と化して、心にストレスを与えることになる。エピクテートスの『要録』五に「人々を不安にするものは、事柄(pragma)ではなくて、事柄についての思惑(dogma)だ」とあるのは、そのことを指している。

人からひどいことを言われたとしよう。それは事柄であり、アディアポラだ。心の外にあるものであり、あなたが何らかの判断を下さなければならないものではない。あなたがそれを「ショックだ」と感じて思惑として心の中に取り込んだとき、それはあなたにストレスを与える。悔しさのあまり、夜も眠れず食事も喉《のど》を通らないほど、ずっとそのことを考えつづけてしまう人もいるだろうが、悪口を言った相手の低能さを激しく軽蔑《けいべつ》して直ちに記憶から抹殺できる人もいるだろう。事柄についての思惑(dogma)は、あなた自身がコントロールできることだ。苦痛に集中し、それを意識しつづけることを選ぶのか、それを苦痛として受け止めないことを選ぶのか、あなたが決めるのだ。

ストア派は、余計なものを心の中に取り込まないように細心の注意を払い、不動心（アパテイア）を維持することを目指した。夏目漱石《なつめそうせき》の『それから』の冒頭部で主人公の代助《だいすけ》が「二十世紀の日本に生息する彼は、三十になるか、ならないのに既に nil admirari の域に達して仕舞った」とあるのは、この不動心（アパテイア）を獲得したと考えてよいだろう（「ニル・アドミラリ」とは「何事にも驚かない」、「何事にも動じない」という意味のラテン語の語句）。

エピクテートス『要録』二十には、こうある。

「記憶しておくがいい、きみを侮辱するものは、きみを罵《ののし》ったり、なぐったりする者ではなく、これらの人から侮辱されていると思うその思惑なのだ。それでだれかがきみを怒らすならば、きみの考えがきみを怒らせたのだと知るがいい。だから第一に、心像《ファンタズマ》に奪い去られぬようにしたまえ」（訳は中公クラシックスより）。

「ファンタズマ」とは、前述のとおり、心の中に形成される像のことであり、「心の内にあるもの」を指す。

同様のことはアウレリウスの『自省録』第九章四二にもあり、ひどいことをされても、腹を立てるのではなく、そういうことをする無作法者は世の中にいるものだという事実を冷静に受け容《い》れよと説かれている。

運命にどんなにひどい仕打ちをされても、それを淡々と受け容れて、苦しむことなく、冷静な判断力を常に行使する——これがストア派の理想であり、シェイクスピアの『ハムレット』では、ハムレットが親友のホレイシオをそのように描写している（以下、シェイクスピアの訳は角川文庫、河合祥一郎訳より）。

なにしろ君は、
あらゆる苦難に遭っても、苦しむことがなく、
運命のひどい仕打ちもご褒美も、同じように感謝して
受け取ってきた男だ。燃える血潮と冷静な判断力とが
これほど巧みに混ざり合い、
運命の女神のいいなりの音色を奏でたりしない
そういう人間がうらやましい。

（『ハムレット』第三幕第二場）

これこそまさにストア派哲学の理想的実践と言えるのではないだろうか。
さらにハムレットは、「そもそも、それ自体よいとか、悪いとかいうものはない。考え方一つだ」（第二幕第二場）とも言うが、これはストア派に於《お》いて、「意志を離れ

ては善いものも悪いものもない」（『要録』三十二）――つまり、アディアポラを《理性による判断のできない外的なもの》と看做《みな》すとき、理性による判断ができないので「善」でも「悪」でもない――と考えるのと同じである。

たとえば、雨が降っていることは「善」でも「悪」でもない。雨天中止のイベントを企画していた人には「悪」かもしれないが、「雨雨ふれふれ、かあさんが♪」と歌う子供にとっては「善」だろう。人の心がそれをどう受け取るかが問題なのである。

以上を踏まえれば、第7章の冒頭に「つらいと感じるのも、うれしいと思うのも、頭でそう認識するからだ」とあるのは、ストア派哲学であることが理解できるだろう。

このように、ストア派は、自分の心は自分でコントロールできるはずだと説く。シェイクスピアの描くブルータス（シェイクスピアの『ジュリアス・シーザー』の登場人物）もストア派哲学の実践者であり、最愛の妻ポーシャが死んでも深い悲しみに耐えて自分を律して、冷静に仕事を進めようとする。ハードボイルドでクールな生き方だ。

心が不安・嫌悪・恐怖・圧迫などを感じるとストレスになるわけだが、どんな劣悪な外的要因（アディアポラ）があっても、それらはアディアポラにすぎないと認識し、その影響を受けない自分の心の平安（アパティア）を維持できるとき、人はストレス・フリーの状態で本来の自分の力を発揮することができる。パニックになりそうなときに自らに「落ち着け」と命じ、できるかぎり冷静に行動すること。屈辱や憎しみや恨みを抱えても、自分にはプラスにならないと判断し、すぐさま考え方を切り替えること。それがストア派のやり方だ。

しかし、物事の両面を描くシェイクスピアは、ストア派の限界も指し示す。『から騒ぎ』第五幕第一場で、レオナートは言う。

悲しみに押しつぶされている者に
忍耐を説くことは誰でもすることだが、
どんなに徳があって、ものがわかった人でも、
自分自身がそのような目に遭えば、
忍耐はできんのだ。
……
わしは生身の人間なのだ。

哲学者だって歯の痛みをじっとこらえることはできたためしがない。

換言すれば、理屈では「常に冷静に」と説くことは可能だが、実際何かが起きたとき冷静ではいられないのが人間だということだ。頭ではわかっていても、気持ちが収まらないことはある。だいたい、常に冷静でいたら、恋愛などできやしない。『ロミオとジュリエット』第三幕第三場で、追放の宣告を受けて「もうジュリエットに会えなくなる」と嘆き悲しむロミオに対して、ロレンス神父が慰めのために教えようとする「逆境の甘いミルク、哲学」とはストア派哲学の謂《い》いにほかならない。しかし、ロミオは叫ぶのだ。

哲学なんかまっぴらです。
哲学でジュリエットが作れますか。

恋をしたり、大切な人と一緒に大いに泣いたり笑ったりして濃厚な時間を過ごすことが、充実した人生を過ごすには欠かせないのも真実だ。ひょっとすると、ストア派哲学を実践できるようになる年齢というのがあるのかもしれない。若い血潮も枯れてきて「今更、恋でもあるまい」という落ち着いた年齢になったら、ストア派哲学に耳を傾けるといい。若いうちは、がむしゃらに生きたほうがいいことは、ベネットも第6章冒頭で仄《ほの》めかしている。

本書が推奨する作家たち

そのほか、第8章で、パスカル、ラ・ブリュイエール、エマソンの名が出てきたので、ここでかんたんに解説しておこう。

十七世紀フランスの哲学者パスカルについては、『パンセ』を参照されたい。邦訳は中公文庫プレミアム（前田陽一・由木康訳、二〇一八）や岩波文庫（塩川徹也訳、三巻、二〇一五～一六）から出ている。最も有名な箴言《しんげん》は次のものであろう（訳は岩波文庫より）。

「二〇〇　人間は一本の葦《あし》にすぎない。自然のうちで最もか弱いもの、しかしそれは考える葦だ。人間を押しつぶすのに宇宙全体が武装する必要はない。一吹きの蒸気、一滴の水だけで人間を殺すのには十分だ。しかし宇宙に押しつぶされようとも、人間は自分を殺すものよりさらに貴い。人間は自分が死ぬこと、宇宙が自分より優位にあることを知っているのだから。宇宙はそんなことは何も知らない。
こうして私たちの尊厳の根拠はすべて考えることのうちにある。私たちの頼みの綱はそこにあり、空間と時間のうちにはない。空間も時間も、私たちが満たすことはできないのだから。

だからよく考えるように努めよう。ここに道徳の原理がある」

『パンセ』は、人間の抱える矛盾を深く考察する一方、キリスト教の弁神論として書かれており難解なところもあるので、山上浩嗣《やまじょうひろつぐ》著『パスカル「パンセ」を楽しむ 名句案内40章』（講談社学術文庫、二〇一六）や、鹿島茂《かしましげる》著『「パンセ」で極める人間学』（NHK出版、二〇二二）などを参照するとよいだろう。

十七世紀フランスのモラリストであるラ・ブリュイエールについては、岩波文庫から出ている『カラクテール――当世風俗誌』三巻（関根秀雄訳、一九五二～五三）を参照されたい。多くの箴言がテーマごとに並んでいる。たとえば、第十一章「人間について」に次のようにある（訳は岩波文庫より）。

「一三　貧乏が犯罪の母だとすれば、叡智《エスプリ》の欠如はその父である」

「三四　人々が最も永く保ちたいと思ひながら、しかもさほど大切にしないものは何か。彼ら自らの生命である」

「一三七　たいていの人々は、その目標に達するのに、大きな努力をすることは出来るが、長い辛抱をすることはなか〳〵出来ない。彼等の怠惰或《あるい》はあきつぽさは、立派な踏み出しの成果をむだにしてしまふ。彼等は往々にして後から来た者に追ひこされる。のろ〳〵としかし辛抱づよく歩いて来たそれらの人たちのために」

これは、ベネットが本書で力説しているポイントでもある。

ちなみに題名の「カラクテール」を英語読みすると「キャラクターズ」であり、関根秀雄《せきねひでお》訳が白水社の仏蘭西文庫（一九四九〜五〇）で出版されたときの題名は『人さまざま——又の名當世風俗誌』となっていた。ウィリアム・ハズリットにも箴言集『人さまざま』（中川誠訳、彩流社、一九九〇）があるが、後者はラ・ロシュフコーの箴言集（邦訳に武藤剛史訳、講談社学術文庫、二〇一九など）に倣ったものである。

ラ・ブリュイエールやラ・ロシュフコーらフランス・モラリストの源流として、シェイクスピアにも影響を与えたモンテーニュの存在がある。ベネットは言及していないが、モンテーニュの『エセー』（随想録）も、ここで挙げておくべきであろう（邦訳に宮下志朗訳、白水社、全七巻、二〇〇五〜一六ほか）。

最後に、十九世紀のアメリカの思想家で、「コンコルドの賢人（哲人）」とも言われたラルフ・ウォルドー・エマソンは、角川文庫『ポー傑作選3』の「ポーを読み解く人名辞典」でも解説したように、エドガー・アラン・ポーが目の敵にした相手である。

エマソンの哲学を要約すれば、「自分を信ぜよ」「すべては自分のなかにある」ということになろう。良くも悪くもアメリカン・ドリームの根底を支えた思想であり、アメリカの独善性にもつながる。彼が唱えた超絶主義思想は、絶対的な自己肯定と個人主義のもとに、自然と一体になれるとするもので、ポーは神秘主義だと断じた。

代表的な論考は「自己信頼（Self-Reliance）」というもので、岩波文庫の『エマソン論文集』二巻・酒本雅之《さかもとまさゆき》訳（一九七二、七三）に収められているほか、新訳――『自己信頼』伊東奈美子《いとうなみこ》訳（海と月社、二〇〇九）や、『自分を信じる力』大間知知子《おおまちともこ》訳（興陽館、二〇一八）――も出ており、オバマ大統領が愛読書だと明かして話題となった。

『エマソン選集』全七巻（日本教文社、一九六〇～六一）のほか、多数の関連書が出ている。

ハズリットのエッセイ「詩一般について」抄訳

第11章で、ウィリアム・ハズリット（一七七八〜一八三〇）のエッセイ「詩一般について」を読むことから始めなさいと勧めたベネットは、「ハズリットのエッセイを読んだら、食事をとるより先に、すぐに何か詩を読んでみたくならないような人の精神状態は想像しがたい」と記している。どんなにすごいエッセイなのかと思うのは当然だろう。

残念ながら、ハズリット著『英国詩人講義』(*Lectures on the English Poets*, 1818) の序文「詩一般について」は邦訳が出ていない。三十八ページにも及ぶ大論考だが、ここではその内容がざっくりつかめる程度に訳出することにする。

なお、ウィリアム・ハズリットは、コールリッジやワーズワース、ジョン・キーツらロマン派詩人と親交を持ち、批評家・名文章家として名を遺《のこ》した人物である。シェイクスピア批評家としても知られ、このエッセイにも注記なしでシェイクスピアの言葉がちりばめられているが、抄訳では注記することにした。

詩一般について

　詩とは何か。その最も一般的な概念は、心に刻まれたある対象ないしは出来事の自然な表象ということになるが、その表現の鮮明さによって想像力や情熱が思わず掻《か》き立てられ、感情移入によってそれを表現する声や音に或《あ》る種の抑揚や調子が生まれる――それが詩である。

　詩は、想像力と情熱の言語である。人間の心に直ちに喜びや痛みを与えるものと結びついている。人の心を深く打ち、人の行動に深く関わる。詩とは、心が自然や心それ自体と語り合う普遍的言語なのだ。詩を軽蔑《けいべつ》する者は、己を尊重し得ないし、何事も尊重し得ない。それは（一部の人たちが想像しがちのように）つまらないものではなく、暇な読者が暇なときに読む、取るに足らない娯楽でもない――それは、あらゆる時代を通して人間が究めようとしてきた歓びなのだ。

　詩は、十音から成る行に収められ、行末に押韻がある形で本に記されたものと考える人が多いが、そうではない。海の波の動きであろうと、花が開くようす――「かぐわしい花びらを空に広げ、美しい姿を太陽に捧《ささ》げ」〔『ロミオとジュリエット』第一幕第一場〕ていく動き――であろうと、美や力や調和が感じられれば、そこに、詩が生まれるのだ。

詩は、「われらが人生を織りなすもの」〔『テンペスト』第四幕第一場の台詞《せりふ》のもじり〕である。それ以外のものは「完全なる忘却」〔『お気に召すまま』第二幕第七場〕となる。というのも、人生に於《お》いて記憶するに値するものはすべて、人生の詩だからだ。恐怖が詩であり、希望が詩であり、愛が詩であり、憎悪が詩である。軽蔑、嫉妬《しっと》、良心の呵責《かしやく》、憧憬《しょうけい》、不思議、憐憫《れんびん》、絶望、狂気、すべてが詩なのだ。詩とは、私たちのなかから広がり、純化し、洗練されて、私たちの存在全体を向上させてくれる。

詩がなければ、「人の暮らしなど獣同然つまらぬものになる」〔『リア王』第二幕第七場〕。人間は詩的な動物だ。羊飼いの少年も、初めて恋人を花輪で飾るとき、詩人となる。田舎者も虹《にじ》を見上げて足をとめたとき、詩人となる。詩人はほかの皆が考え行うことを書きとめるにすぎない。詩が愚行と狂気なら、それは人々の愚行と狂気を見て描くからだ。「頭が煮えたぎり、冷静な理性には理解しがたいありもしないものを想像する」〔『夏の夜の夢』第五幕第一場〕のは、詩人だけではない。

狂人、恋人、そして詩人は、
皆、想像力の塊だ。

広大な地獄に収まりきらぬほどの悪魔を見る。
それが狂人だ。恋する者も同じように狂っていて、
色黒のジプシー女の顔に絶世の美女ヘレネの美しさを見る。
詩人の目は、恍惚《こうこつ》たる霊感を得て、
天から地へ、地から天へと眺め回し、
想像力が、見たこともないものを
思いつくと、詩人の筆がそれに形を与え、
空気のような実体のないものに
個々の場所と名前を与える。

〔『夏の夜の夢』第五幕第一場〕

詩が夢であるならば、人生も似たようなものだ。詩が作り事にすぎず、こうあってほしいと思ったことから成り、自分が見たいと思っているものしか見ていないのであるなら、現実もまさにそうである。

フランシス・ベーコン卿《きょう》によれば、詩には「どこか荘厳なところがある。心を高揚させ、崇高の極みへ舞い上がらせてくれるからだ。理性や歴史がしてしまうように魂を表面的な事実に従わせるのではなく、物事の外見を魂の欲求に合わせてくれ

るからだ」〔『学問の進歩』第二巻四・二、引用であるかのように書いているが、ハズリットの言葉で言い換えている〕。

それはまさに想像力の言語となり、想像力が事物を表象する機能を担う。その実体〔ストア派の言うアディアポラ、事柄（プラグマ）〕ではなく、思考や感情によって形づくられること〔心像（ファンタズマ）〕として、無限の形や力を持つ。この言語は、事実そのものではないがゆえに、自然なものではないが、激情が心に与えるその思いを伝えるがゆえに、より真実であり自然なのだ。たとえば、興奮状態や恐怖のうちに知覚したものは、想像力によって歪《ゆが》められ、巨大化され、その恐怖を煽《あお》るような姿に変えられ、「目がおかしくなった」〔『マクベス』第二幕第一場〕という思いにさせられる。これが想像力の普遍的法則だ。

喜びを感じたいと思うと、たちどころに
その喜びをもたらすものが浮かぶのだ、心に。
あるいは夜、何か恐ろしいものを想像すると、一気に、
茂みが熊に思えて、陥ってしまう、疑心暗鬼に。〔『夏の夜の夢』第五幕第一場〕

ヤーキモーがイノジェンについて――
蠟燭《ろうそく》の炎がこの人に向かってお辞儀をし、
その瞼《まぶた》の奥にある光を見たいと、
ちらちらと覗《のぞ》き見をしている――
〔『シンベリン』第二幕第二場〕

――と、炎の動きを語り手自身の感情に即して情熱的に解釈することこそ、真の詩にほかならない。

詩とは、心に思い描くものや激しい感情の熱狂を巧みに表現したものである。最も熱烈な悲劇的詩に於いては、感情は究極の崇高さや哀れの極致にまで昇華する。リアがエドガーについて、「人間がこれほどの体たらくとなりうるのは、つれない娘のせいに決まっている」〔『リア王』第三幕第四場〕と言うとき、リアは自分の身に降りかかった悲惨さの原因以外考えることができず、ありとあらゆる悲しみを自分の悲しみと一体化させている。何という想像力の横暴かと驚き、当惑するよりほかない。リアの悲しみは、洪水のように、あらゆる悲しみの源流となる。同様に、狂乱の場で、リアが「子犬どもが――トレイ、ブランチ、スイートハートまで――

見ろ、わしに吠《ほ》えかかる！」〔第三幕第六場〕と言うとき、リアはまわりにいる誰も彼もが自分に歯向かうと想像してしまい、まったく関係のないものにまで忘恩があると思い込み、自分の胸の底にまだ残っていた敬意や愛情を見つけ出すと、それをも痛めつけて殺してしまうのだ！　同じことは最後の和解の場面〔第四幕第六場〕でも言える。コーディーリアの「そのとおりです。私です」という言葉が涙の奔流のように彼女の心から噴き出すとき、その一言だけで、重厚な愛は一挙に解き放たれ、長年の誤解の元となった言われなき忘恩はすべて消し去られるのである。

オセローの場合は、何という激情がその激情に返ってくることであろうか。後悔と絶望が入り混じった苦悩に耐えながら、彼は失われてしまった幸福の名残りにしがみつこうとして、こう叫ぶのだ――

永久《とわ》にさらばだ、静寂な心、さらばだ、満ち足りた心。
さらばだ、誇り高き軍と、野心を徳高いものとする
偉大なる戦争よ！　ああ、さらば、
さらば、いななく馬と甲高いラッパの音、
士気を鼓舞する太鼓、耳を貫く笛、

壮麗な旗、戦場のあらゆる輝き、
戦の誇り、壮大さ、しきたり！
そして、不滅のゼウスの恐ろしき稲妻にも似た
轟音《ごうおん》で叫ぶ激しき喉《のど》を持つ大砲よ、
さらば。オセローの務めは終わった。

〔『オセロー』第三幕第三場〕

オセローの激情がいかに膨れ上がり、激流となって荒れているかは、また気が変わって愛情を取り戻せるのではないかという疑念に応《こた》える次の台詞に現れている。

変わるものか、イアーゴー。ポンティック海の
怒濤《どとう》のような冷たい激流が、決して
あとに引くことなく、ただもうまっしぐらに
プロポンティック海からヘレスポント海峡へと
流れ込むように、俺の血腥《ちなまぐさ》い思いも凄《すさ》まじい速さで、
決してふり返らず、穏やかな愛へ戻ることなく、
広大なる復讐《ふくしゅう》の海に呑《の》みこまれるのだ。

〔『オセロー』第三幕第三場〕

その後、デズデモーナを戒《いまし》める言葉のクライマックスは、この台詞《せりふ》だ。

けれども、俺の心をしまっていたその胸、
その泉から切り捨てられるとは！

〔『オセロー』第四幕第二場〕

不運と落胆が研ぎ澄まされれば研ぎ澄まされるほど、よいものを求める願望が強まるがゆえに、この劇的な感情の盛り上がりは私たちの同情を掻《か》き立てる。失った至福の大きさを感じさせることで、その痛みが強まるのだ。こうして嵐のような激情がむき出しにされ、人間の魂の豊かな奥深さが見えてくる。すなわち、人間とは、願望と不安とを併せ持つ感情と追求の集合体だということである。オセローの言葉は、人生の盃を深く飲ませてくれる。心の琴線に触れ、思考と感情を十倍にも響かせるのだ。シェイクスピアの悲劇は、真の詩となり得ていて、読む者の胸深くにある感情をかき乱す。

愛や美と同様に、恐怖や憐憫《れんびん》が人の心を乱暴に支配することもある。愛すると同様に憎むのは自然なことであり、人は慕いもすれば蔑《さげす》みもする。人は愛や憧憬《しょうけい》を表現するように、憎悪や軽蔑《けいべつ》を表すものなのだ。

愛情と憎悪は、
時に感情全体を支配し、好き嫌いには
理屈などないのです。

〔『ヴェニスの商人』第四幕第一場〕

詩は、歓びであれ苦しみであれ、卑しいものであれ立派なものであれ、楽しいものであれ嫌なものであれ、人間が感じるどんなものも最も鮮明に表現する。詩だけが最も雄弁にその感情を語り得るのだ。

リアが究極の苦悩のなかで次のように叫ぶとき——

恩知らずめ！　石の心を持つ悪魔は、
子供の姿で現れると、海の怪物よりも
遥《はる》かに忌わしい。

〔『リア王』第一幕第四場〕

——一方では軽蔑、他方では恐怖、そして最後には憤怒の激情の発露がある。

詩は、どのような形であれ、想像力と激情、幻想と意志の言語なのだ。したがって、堅物の衒学《げんがく》的な批評家が詩の言語を常識的な理性のレベルに貶《おとし》めるのはまったく馬鹿げている。というのも、詩の目的と用法とは、「昔も今も、いわば自然に向かって鏡を掲げること」〔『ハムレット』第三幕第二場〕であるからだ。そしてその自然とは、激情と想像力の目で見た自然であって、文字どおりの真実だの抽象的な理性だのによってその目を奪われてはならないのだ。

物事は、それ自体がどうであれ、見る人によって違って見えるものだ。見る人が異なった興味を抱き、違った視点から見、それを新奇に感じるのか馴染《なじ》みに感じるのか、知らないと思うのか怖いと感じるのか、何かと対照的あるいは思いがけず似ていると感じるのか、そうした対象との距離感のちがい（気持ちの面であれ、実際の距離であれ）によって異なって見える。光や陰がなければ物が見えないように、想像力という機能がないと物は把握できない。超自然の光で目が眩《くら》むものもあれば、何だろうと思わせ、よく見てみたいと思わせるものもある。このような錯覚を拭《ぬぐ》い去って、さえない色をしている物自体を見せようとする人は、あまり賢くない。博物学者が蛍を捕獲して箱に入れて家に持ち帰り、翌朝、それがただの灰色の小さな虫だと発見するのはかまわない。詩人ないしは詩を愛する人が蛍を訪れるのは、香り高い山査子《さんざし》と三日月の下で蛍がエメラルドの光の宮殿を建てたときでなければならない。それもまた自然なのであり、蛍のひとつの姿であり、しかもかなり興味深い姿だ。つまり、詩とは、人間の心の歴史の一部を成すが、科学や哲学ではない。ところが知識や文明が進歩すると想像力が制限されがちになり、詩の翼をもぎ取ってしまう。想像力の本領は基本的に幻想であり、未知で得体のしれないものを見るところにある。理解は物事を小さくまとめてしまい、その幻想的な見かけをはぎ取ってしまう。

詩人の目が捉《とら》える世界が
それぞれの葉に乗り、枝から垂れる。〔トマス・グレイ「バーナムで書いた詩」〕

時代は移り変わり、想像力は隅に追いやられてしまった。かつては「髪の毛が、まるで命が通っているかのように逆立ったこともあった」〔『マクベス』第五幕第五場〕のに、今では警察がすべてを台無しにしてしまい、真夜中の殺人の夢も見られなくなった。『マクベス』がいまだにわが国で許されているのは、その音楽性のためだ。絵画は出来事を描くが、詩は出来事の過程を描く。しかし、最も人の心が傾くのは、期待とサスペンスとのあいだで、希望と恐怖とが息もつけないほど締め付けられる出来事の過程にあるのだ。

最初にそれを思いついてから辿《たど》りゆくすべての道筋は、
まるで幻覚、いや、まさに悪夢だ。
人の霊魂と、人間としての機能が
激論を戦わせ、人間という小宇宙は
小さな王国のように、転覆の
危機に曝《さら》される。
〔『ジュリアス・シーザー』第二幕第一場〕

詩はその内容と形式に於《お》いて、激情と想像力によって結ばれた自然なイメージないし感情である。ミルトンは、彼にとっての詩の考えを一行で表している。

調和のとれた拍を刻んで自然と動いていく思考
〔『失楽園』第三巻〕

散文の不意な動き、急停止、不均等、耳障りさといったものは、詩的想像力の流れには致命的となる。でこぼこ道やつまずく馬が、恍惚《こうこつ》たる者の夢を打ち破るように。詩はそういった問題をすべて解決する。それは言葉の音楽であり、心の音楽に呼応して、「調和した心の秘密」をひもとくのだ。何かが心をとらえて、それを観照することで、心が優しさに溶けていったり興奮のるつぼに陥っていったりするとき――想像力や激情の動きが心に刻まれ、それによってその思いを引き延ばし、繰り返し、それ以外のものもその流れに引き込み、同じく持続して継続した調和の動きとなり、あるいは次第にそれを表現する音に呼応して変化していくとき――それが詩なのだ。言葉の音楽性は持続して継続し、思考の音楽性もやはり持続して継続する。音楽と根深い情熱とがつながるのだ。要するに想像力の言語が天翔《か》け、自らの衝動の赴くまま翼を広げることができるのである――

圧倒的な支配力をもって
蒼穹《そうきゅう》の深きを駆け巡る――
〔トマス・グレイ「詩の歩み」〕

散文のように不意に止まったり、よじれたり、急にそれたりしない。そのように詩は創られるのだ。普通の言語が歩行なら、詩は飛翔《ひしょう》である。そして、シェイクスピアのブランク・ヴァース〔押韻のない弱強五歩格の韻律のある韻文〕が劇的言語の完成形である。

最後に正確には詩作品ではないが、詩作品に近い三作を挙げておこう――バニヤン作『天路歴程』、デフォー作『ロビンソン・クルーソー』、ボッカチオ作『十日物語』である。精神を飛翔させ、筆舌に尽くしがたい切望をもって魂が引き立てられるものは、一種の詩である。想像力を掻《か》き立てて、子供心の目を涙で輝かせ、生涯ずっと心の宝物となるものが詩のエッセンスだとするなら、ジョン・バニヤンとダニエル・デフォーは、それなりの詩人であると認めることができる。

リチャードソン〔小説『クラリッサ』の著者で近代小説の父とも言われたサミュエル・リチャードソン〕には計り知れない真実と感情があるが、それは状況という無味乾燥な形骸《けいがい》から抽出されたものでしかない。自然と溢《あふ》れて出てくるものではない。彼の詩的才能は、松の木に閉じ込められたエアリエル〔シェイクスピアの『テンペスト』の登場人物〕のようであり、それを外へ出してやるために手をかける必要がある。シェイクスピアはこう言っている。

詩というのは、樹液のように自然と

滲《にじ》み出てくるのです。火打石は打つまで
火がつきませんが、詩の優雅な炎は、
自然と熾《おこ》り、流れのようにあらゆる障碍《しょうがい》を
乗り越えていく。

〔『アテネのタイモン』第一幕第一場〕

本論を終えるに当たり、異なった時代に書かれた世界文学に於ける主たる詩作品四つにコメントしておこう。すなわち、ホメロス、聖書、ダンテ、そして最後はオシアンとさせてもらおう。ホメロスに顕著なのは行動や人生の原則であり、聖書に顕著なのは信仰と神の摂理の原則だ。ダンテは盲目の意志の擬人化、そしてオシアンには人生の衰退と世界の終わりが見える。

ホメロスの詩は英雄的で、活力に溢れている。太陽のように明るく、川のように力強い。彼は英雄たちが漲《みなぎ》る生命力をもって輝く兜《かぶと》をつけて平野へ流れ込む様を描写する——「全員兜にダチョウのように羽根飾りをつけ、水浴びした鷲《わし》が羽ばたくよう。子山羊のように軽やかで、牡牛《おうし》のように猛々しく、五月の若さ、真夏の太陽の華麗さ」〔シェイクスピアの『ヘンリー四世』第一部第四幕第一場からの誤引用。ハズリットは、なぜかホメロスとシェイクスピアを混同している。Cf. Timothy Webb, 'Homer and the

Romantics', Robert Fowler ed., *The Cambridge Companion to Homer* (Cambridge: Cambridge University Press: 2004), pp. 287–310 (p. 298)」。ホメロスは人間の肉体のみならず魂をも描いている。

　聖書の詩は想像力と信仰の詩である。それは形式の詩ではなく、力の詩である。ダンテは現代詩の父である。ダンテの偉大なる力とは、内的感情と外的対象とを結びつけるところにある。すなわち、地獄の門に意識があって口がきけるかのように見せ、恐ろしい警告を発させる。ダンテは常に、絶対的に特定で固有のものに、最大の激しさと神秘性を付与する。

　最後にもう一人言及したい作家は、スコットランドの英雄詩人オシアンである。ホメロスが最初の活力と勢いの詩人であるように、オシアンの詩は衰退と老齢だ。彼は、過去の追憶と後悔にしか生きていない。陰気なわびしさのなか、人生の張りも活力も抜け切って、あらゆるものの影に虚《むな》しくしがみつく感覚が、完璧《かんぺき》なのである。なかでもサルガーを失って嘆くセルマの嘆きは最高だ。

（了）

オシアン「セルマの歌」夏目漱石訳

「詩一般について」の最後に言及されたオシアンの詩「セルマの歌」には、夏目漱石訳がある。参考のために、ここに引用する。

コルマ

暮れ果てゝ、わびしくも、あらしの皐《をか》に一人。峰に聴く風の音、岩を下る早瀬。雨凌《しの》ぐ軒端もなく、風吹く皐に一人。

昇れ月、雲の底より。出《いで》よ夜の星。導きの火影もなきか。狩り暮れて独り居《お》はす君が方に。弦張らぬ弓の傍、喘《あへ》ぎ臥《ふ》す犬の中に、独り居はす君。高く鳴る瀬、高く鳴る風。思ふ人の声を聞き得ず。わがサルガアの帰らぬは如何《いか》に。山に入る強《つは》ものゝ誓。巌《いはほ》はこゝに、木もこゝに咽《むせ》ぶ流れもこゝにこそ。こゝに今宵《こよひ》帰らんと誓ひし君はいかに。わがサルガアの行末はいづこ。君とならば行かんものを、父を棄《す》て〻も。心驕《おご》る兄を棄て〻も。讐《あだ》あるは家と家、敵ならぬ君と我は。

吹く風もしばし落居《おちゐ》よ、逝く水もしばし停まれ。吾《われ》呼ぶ声のこだま起して。帰らぬ人のわれを聞く迄《まで》。呼ぶはコルマ。木もこ〻に、巌もこ〻に、妾《わらは》もこ〻にあるを。君はなどて帰り来まさぬ。見てあれば、静なる月こそ出《い》づれ。冷かに谷を浸して、山の端に巌黒し。巌角《いはかど》に君見えず。君近づくと告ぐる犬なし。こ〻にわれ一人あらばや。

佇《たたず》む片辺《かたへ》、荒野に伏すは誰《たが》影ぞ。あらずや君とわが兄人。語り給へ。コルマなるに、コルマには答へ給はず。語り給へ、独り居れば恐ろしき我に。あなや佩《は》けるつるぎ太刀、斬り結びけん、紅《くれなゐ》深し。生きてあらぬか、君もいろねも。なつかしき人と人、互に断ちし玉の緒ぞあはれ。誉れ多き二人の為に、何を語らん。居並びて秀でたるは岡の上なる君が眉目《びもく》。戟《ほこ》とりて起てば壮夫《ますらを》。向ふ方に敵なしと見しは吾《わが》兄。語り給へ、聴き給へわが声を、いとしき人よ。いとしき人は語らず、長へに語らず。土の如く冷え尽したる胸のほむらよ。語れ亡き魂、邱《をか》に聳《そび》ゆる岩の間より、風の吹くなる峰の上より、われは怖れじ。逝ける人の休らふ国はいづこ、いづこなる洞の裏にて君と相見ん。風のもたらす声もきかず、あらしの奪ふ答だになし。

悲に埋もれてあり、涙ながらに明くる夜をまつ。亡き人に塚立てよ亡き人の友。

土な掩《おほ》ひそ我来《こ》んと思へば。夢の如く去る吾命、生残る甲斐《かひ》もあらず。吾友とこゝにあらばや、岩咽ぶ河のほとりに。山暮れて風高き宵、風の裡《うち》にわがまぼろし見えて、恋しき人の逝けるを泣かん。狩小屋に狩人《かりうど》ありて吾をきかば、吾をきく狩人はわれを恐れん、去れどまたわれを恋ふべし。人の情けを泣く声なれば、そのかみうけし人の情けを。

ライノオ

風落ちて雨過ぎぬ、静なる午《ひる》の気合《けはひ》。断切《ちぎ》れし雲の空に動きて。落つる日影の定かならず。石多き谷をめぐりて、赤き流は山より来る。床《ゆか》しきその音、ゆかしきこの歌。うた人は昔し忍ぶ「アルピン」。年老いてうなじ重く、涙ありて眼赤し。あはれうた人。物言はぬ丘の上に独り立ちて、梢《こずゑ》ふく峰の嵐、わびしき岸に寄せては返す、波の如くに訴ふる君は何故。

アルピン

泣くも亡き人のため、うたふも逝くもの丶ためぞ。山に立てば高き君が脊《せ》、谷に入れば清き君が目、朽ちざらめやはモラアの如く。なき君が墳《はか》の上に、弔ふ人の倚《よ》らで已《や》むべき。山々も君を忘れん、絃断《き》れて君が弓張らで朽つべし。

あはれモラア、疾《と》きことは枯野原かける女鹿、鋭さは熱ひきて飛ぶ星の光。憤怒のなれはすさむあらし。太刀振るなれは冴《さ》ゆる稲妻。なれの声色《こはね》は雨ふりて逆捲《ま》く流、又遠山にひゞく鳴神。なれの剣多くの人を斬りて、猛火の怒あまたの敵を焼けど、戦やんで帰る時、汝《なんぢ》の眉根《まゆね》にかゝる雲なし。雨は洗ふ日の光、物静かなり月の色、風逆はず湖の面、しかく見えけりなれがかんばせ。

狭からんなが住居、暗からんなが臥床《ふしど》。昔ありてふ偉丈夫の、三歩に足らぬ墓にすくみて、なれのかたみに残るものは、苔《こけ》をいたゞく四つの石のみ。枝に葉を見ぬ一本の樹、風に嘯《うそぶ》く高き草、猟人ならで誰か知らん、猛《たけ》かりしなれが此墓。

あはれモラア。果敢《はか》なきもことわり。弔ふ女親《めめ》なく、音を泣く乙女もたず。なを生みし女遠くゆきて、なを慕ふモオグランの女《め》の子帰らず。

杖《つゑ》に倚るはながが父、齢朽ちて髪白く、涙湧きて眼あかきなが父、運ぶ歩み危《あや》しくもわなゝくなが父、なれより外に子なきなが父。父は聞きぬ誉《ほまれ》得し汝《なれ》。父は聞きぬ敵追へる汝《なれ》。聞かざりき深手負ひし汝《なれ》を。父は泣けど、泣けど父は、耳傾くる子を持たず。亡者の眠りふかく、土塊の枕わびし。泣けど聞かず、呼べども起たず。冥土《めいど》に明くる朝なくして、眠れる者長へに覚《さ》めず。去るからに永き訣《わか》れぞ。逝ける壮夫、戦の野に敵屠《ほふ》りて逝ける壮夫。戦の野にながら影消えて鎧《よろひ》の縅《をどし》小暗き森を照さず。なれに子なし。なれを伝ふるは歌。其《その》歌に後の世はなれを聞くべし。逝けるモラアを。（オシアン）

『定本　漱石全集』第十三巻（岩波書店、二〇一八）一五八～一六一ページより。本作品に関する注解は同書六六五～六六七ページを参照されたい。

時間をめぐるシェイクスピアの名言

シェイクスピアが時間について語る言葉を幾つか拾ってみよう。

◎時間を大切にして。機会を逃さないで。
《Make use of time, let not advantage slip.》
詩『ヴィーナスとアドーニス』一二九行。

コメント 愛の女神ヴィーナスが青年アドーニスを口説く文句。美しく咲いた花は、しおれる前に愛を楽しまなくてはならない。愛のみならずビジネス・チャンスにも当てはまる言葉だ。

◎一分遅れになるよりは、三時間早すぎるほうがましだ。
《Better three hours too soon than a minute too late.》
『ウィンザーの陽気な女房たち』第二幕第二場。

コメント　仕事の世界で遅刻は厳禁。受験のときも試験会場に早く着いていたほうが、落ち着いて試験を受けられるという。何事にも早め早めに準備しておくことが肝要だ。

◎何事にも潮時というものがある。
上げ潮に乗れば、幸運に辿《たど》り着く。
乗り損なえば、人生という船旅そのものが
浅瀬に乗り上げ、悲惨な結果となる。

《There is a tide in the affairs of men.
Which, taken at the flood, leads on to fortune,
Omitted, all the voyage of their life
Is bound in shallows and in miseries.》
『ジュリアス・シーザー』第四幕第三場。

コメント　潮はじわりじわりと満ちてくる。チャンスをつかもうとして満潮をじっと待っている人にとっては、「今だ」という時をつかむのはむずかしいことではない。しかし、うっかりしていれば、潮はまた引いてしまい、そうなると満潮のときなら容易にできたことも困難になる。時間の使い方がうまい人は、できるだけ大変な苦労をしないコツを心得ている人とも言えるだろう。

◎時は人によってちがった流れ方をする。
《Time travels in divers paces with divers persons.》
『お気に召すまま』第三幕第二場。

コメント　恋をしている娘には恋人に早く会いたくて時間が経つのが遅くてじれったく感じるが、死刑台に進む罪人には時間が早く流れるように感じられると、ヒロインのロザリンドは語る。時計の刻むクロノスという時間とは別に、心が刻む心理的時間カイロスをもとにシェイクスピアは人物を描いた。

◎ああ、時よ、このもつれ、ほぐすのはおまえ、私じゃない。
《O, time! Thou has to untangle this, not I.》
『十二夜』第二幕第二場。

コメント　困ったことが起きたとき「時が解決してくれる」と考えるのは今も昔も同じ。「悲しみを時が癒《いや》してくれる」という表現もあり、時間が経つことで新たな局面が見えてくることが期待された。

◎だが、思いは命の奴隷であり、命は時の道化、
そして時は、この世すべてを見据えるものではあるが、
いずれは終わらねばならぬ。

《But thoughts, the slave of life, and life, time's fool.
And time, that takes survey of all the world,
Must have a stop.》

『ヘンリー四世』第一部第五幕第三場。

◎我らは時の家来であり、時が我らに行けと命じるのです。

《We are time's subjects, and time bids be gone.》

『ヘンリー四世』第二部第一幕第三場。

コメント　どちらも死を覚悟した軍人の言葉。シェイクスピア作品には、このように人生の時間がやがては終わることを語る台詞《せりふ》が多い。死を意識すると、のほほんと生きてはいられなくなる。

◎私は時を浪費してしまった。そして今、時が私を浪費する。
《I wasted time, and now doth time waste me.》
『リチャード二世』第五幕第五場。

コメント 治世に失敗し、王位を追われ、牢《ろう》に閉じ込められたリチャード二世は、牢で過ごす時間を耐え難く感じてこう述べる。ただ時が過ぎるのを待つだけの人生ほど虚《むな》しいものはない。時に浪費されないように、きちんと時を使おう。

◎めいめい好きに時を過ごせ。
《Let every man be master of his time.》
『マクベス』第三幕第一場。

コメント バンクォーが立ち去ったあと、夜七時の宴会まで解散を呼びかけるときのマクベスの台詞。「思い思いに時を過ごす」が「時の主人になれ」という表現になっているのがおもしろい。人は自分の時間を自分の自由にできるようでいて、意外に時間は指のあいだからこぼれていってしまう。

◎仕方のないことは、気にしないこと。やってしまったことは、済んだことです。

《Things without all remedy
Should be without all regard. What's done is done.》

『マクベス』第三幕第二場。

コメント　くよくよ思い悩むのは時間のむだ遣い。謝罪や償いができるなら迅速にそれを行い、それができないなら、これからのことを考えよう。

◎この世はすべて舞台。
男も女もみな役者に過ぎぬ。
退場があって、登場があって、
一人が自分の出番にいろいろな役を演じる。
その幕は七つの時代から成っている。

《All the world's a stage,
And all the men and women merely players;
They have their exits and their entrances;
And one man in his time plays many parts,

His acts being seven ages.》
『お気に召すまま』第二幕第七場。

コメント　人はいつしか年を取る。若い頃にできていたことができなくなり、時間の過ごし方が年齢に応じて変わる。ベネットは毎朝、新しい未使用の二十四時間が財布に入っていると言うが、やがて死が訪れて時間の供給は止まる。そのことを考えれば、また新たな一日が送れるありがたさを嚙《か》みしめるべきだろう。

まだまだ時間に関するシェイクスピアの言葉は尽きることはないが、紹介はこれくらいにしておこう。シェイクスピアにとっては、人生という時間の短さを認識しつつ、その時間を思いきり濃く生きることが、充実した生き方だったようだ。

訳者あとがき

時間術の本だけあって、読者の時間を無駄にしない、わかりやすく書かれた本だ。ベネットの書いた本編だけなら四十五分もあれば読めてしまうだろう。ベネットの目論見に合わせて言えば、一晩でこの本を読み、さらに四十五分かけて思索にふけっていただければ、目的を果たせることになる。

さて、本書を読んでみなさんはどんなことをお考えになるのだろうか。

編集者からこの本を薦められ、読み始めたときには気づかなかったが、本書が目指す方角を仰ぐとシェイクスピアが見えてくる。結論から言うと、ベネットは自己啓発のために詩を読むことを推奨しており、詩がわからないと感じる人はハズリットの「詩一般について」を読めば「食事をとるより先に、すぐに何か詩を読んでみたくな」るはずだと断言する。私は不勉強ゆえ「詩一般について」を読んだことがなかったが、読んでみてびっくりした。シェイクスピア大絶賛ではないか。

ハズリットが最後に薦めるスコットランドの英雄詩人オシアンの「セルマの歌」には夏目漱石の訳があるが、漱石は東京帝国大学でシェイクスピア講義をした英文学者でもあり、ここでもシェイクスピアとのつながりを感じてしまうのは、訳者の身贔屓《みびいき》だろうか。

ところで、私自身は「英語の勉強法」だの「～のやり方」だのは自分で勝手に編み出すのが好きなタイプなので、自分から自己啓発本を読むことはこれまでになかった。

私が実践している時間管理の法則をここで披露することにしよう。

七つのポイントにまとめてみた。

①やるべきことを見定める。

自分がやりたいことなのか、本当に自分のやるべき仕事なのかを見極める。そのうえで、いつまでに何をしなければならないかの大まかなスケジュール表を作成する。仕事の優先順位をつけて、大切な仕事や時間のかかる仕事を期限までに終えられるように全体の進行を調整する。

②今やることに集中。

やると決めたらやる。先延ばしにすると、やる気がどんどん失《う》せていく。集中力を高めるには、自分でやると決めたことを納得し、楽しんでやるように努める。どうしても楽しめない仕事であれば、それは本来自分がやるべきことではないかもしれない（→①に戻って考え直す）。

③すばやく決断、パッと切り替え。

決断が必要な場合はすばやく決断するが、仕事の内容に応じてその決断を二度、三度と吟味し直す過程を設ける。ある程度の時間（数日ないし数週間）をあけて何度も見直すことで仕事の質が向上する。

どんな仕事でもそればかりつづけていると疲れてくる。気分を切り替えて集中力を維持するためには、ほかのことをあいだに入れる。いくつかの仕事を抱えているときは、短時間で別の仕事に移ると集中力が持続する。切り替えることで、別の仕事を再度見直すサイクルが生まれる。休息や娯楽をあいだに挟んでもいいが、その場合は予《あらかじ》め決めた時間を守ること。

④ 残り時間を意識。

一時間後には○○をしなければならないという状況のなかで、その残された一時間のあいだに何ができるかを考え実行する。ハムレットの言う'The interim is mine.'（それまでの時間は俺のものだ）という行動原理を実践する。即ち、午前中のタイムリミット、夕方までのタイムリミットなどを自分で設定して、それまでにやるべきことを迅速にやる。

⑤ 早めに早めに対応。

片付けられることは先に片付けておくことで、余裕ができるようにする。思いついたらすぐ行動に移す。すぐできることはすぐやる。本書が語るように「あとでやる」「いつかやる」という発想は厳禁。

⑥ ポジティブ思考。

常に前を見、過去は振り返らない。今を最大限に活《い》かせるように、ストア派哲学の言うアパティア（不動心）をキープ。目の前のことに集中していれば余計な邪念は入り込まないはず。

⑦朝は早起き、習慣化。

朝が最も集中力が高まるのは事実。やるべきことをルーティーン化することで、余計なことを考えずに頭が自然と今やる仕事の内容に集中できるように仕向けてやる。

以上が、今のところ私が実践している方法だ。自分はこうやっているというだけで、このやり方が他の人にも有効かどうかはわからない。

ときどき「いつ寝ているんですか？　睡眠時間はどれくらい？」と尋ねられることがあるが、睡眠を削ると集中力が落ちるので、睡眠時間はしっかり取るようにしている。あるデータによると、必要とされる睡眠時間は、十歳までは八～九時間、十五歳で約八時間、二十五歳で約七時間、四十五歳で約六時間半、六十五歳で約六時間だそうだ。私は約六時間なので、標準と言えそうだ。おじいさんなのでね。ご参考までに。

二〇二三年十月

河合祥一郎

本書は訳し下ろしです。

金《かね》より価値《かち》ある時間《じかん》の使《つか》い方《かた》

アーノルド・ベネット　河合《かわい》祥一郎《しよういちろう》＝訳

令和5年 12月25日　初版発行
令和6年 1月20日　再版発行

発行者●山下直久

発行●株式会社KADOKAWA
〒102-8177　東京都千代田区富士見2-13-3
電話　0570-002-301(ナビダイヤル)

角川文庫 23957

印刷所●株式会社KADOKAWA
製本所●株式会社KADOKAWA

表紙画●和田三造

ISBN 978-4-04-114144-1　C0198

◆◇◇

角川文庫発刊に際して

角川源義

第二次世界大戦の敗北は、軍事力の敗北であった以上に、私たちの若い文化力の敗退であった。私たちの文化が戦争に対して如何に無力であり、単なるあだ花に過ぎなかったかを、私たちは身を以て体験し痛感した。西洋近代文化の摂取にとって、明治以後八十年の歳月は決して短かすぎたとは言えない。にもかかわらず、近代文化の伝統を確立し、自由な批判と柔軟な良識に富む文化層として自らを形成することに私たちは失敗して来た。そしてこれは、各層への文化の普及滲透を任務とする出版人の責任でもあった。

一九四五年以来、私たちは再び振出しに戻り、第一歩から踏み出すことを余儀なくされた。これは大きな不幸ではあるが、反面、これまでの混沌・未熟・歪曲の中にあった我が国の文化に秩序と確たる基礎を齎らすためには絶好の機会でもある。角川書店は、このような祖国の文化的危機にあたり、微力をも顧みず再建の礎石たるべき抱負と決意とをもって出発したが、ここに創立以来の念願を果すべく角川文庫を発刊する。これまで刊行されたあらゆる全集叢書文庫類の長所と短所とを検討し、古今東西の不朽の典籍を、良心的編集のもとに、廉価に、そして書架にふさわしい美本として、多くのひとびとに提供しようとする。しかし私たちは徒らに百科全書的な知識のジレッタントを作ることを目的とせず、あくまで祖国の文化に秩序と再建への道を示し、この文庫を角川書店の栄ある事業として、今後永久に継続発展せしめ、学芸と教養との殿堂として大成せんことを期したい。多くの読書子の愛情ある忠言と支持とによって、この希望と抱負とを完遂せしめられんことを願う。

一九四九年五月三日